Roy Martina

The Missing Link

Roy Martina

THE MISSING LINK

So wenden Sie »The Secret« richtig an

KOHA

Titel der englischen Originalausgabe:
»The Missing Link(s) of Secret

Aus dem Englischen von Silvia Autenrieth
Lektorat: Birgit-Inga Weber
Umschlag: Blanz Werbung GmbH
Meditations-CD: Lajos Sitas
Gesamtherstellung: Karin Schnellbach
Druck: CPI Moravia Books
ISBN 978-3-86728-105-8

Inhalt

Einleitung

Fantasie ist alles. Sie ist die Vorschau auf die kommenden Ereignisse des Lebens.
Albert Einstein (1879–1955)

Ich wünsche allen viel Gesundheit, Vitalität und Wohlergehen. Die Grundgedanken dieses Buches zeigen in wesentlichen Zügen, wie ich persönlich das in *The Secret* angesprochene »Geheimnis« angewandt habe und noch immer anwende.
Mein Motto lautet: »Sei der Beste, der du sein kannst.« Mit anderen Worten: Lebe dein Potenzial aus. Das Gesetz der Anziehung – das kosmische Gesetz, das sich hinter *The Secret* verbirgt – wird Ihnen helfen, genau das zu erreichen.

Der Eisberg macht nicht immer, was Sie wollen!
Ziel dieses Buches ist es, einige wichtige Tipps weiterzugeben, wie Sie sich ein besseres Leben erschaffen können. Es geht zugleich um Prävention: zu verhindern, dass Sie einer Krankheit oder Verschleißerscheinungen zum Opfer fallen. Betrachten Sie das Ganze als Ihr Anti-Aging-Geheimnis, Ihren ewigen Jungbrunnen. Wenn Sie erst einmal wissen, wie Sie die Kraft Ihrer eigenen Gedanken nutzen können, erfahren Sie hier, wie Sie die »Erfolgskette« dazu einsetzen, sich immer wieder in Erinnerung zu rufen, dass Ihre Gesundheit, Ihr Glück und Ihr Wohlergehen Vorrang haben sollten.

Zusätzliche Schritte, wenn Sie noch weiter gehen möchten
Diese zusätzlichen Schritte sind nur etwas für jene, die noch einen Schritt weiter gehen und wirklich das Allerbeste aus ihrem Leben machen wollen. Wer Unterstützung beim eigenen Vorwärtskommen benötigt, kann über die Website www.thesecret-4free.de ein kostenloses Arbeitsbuch herunterladen. Machen Sie ruhig Gebrauch davon, um alles, was Sie in diesem Buch lernen, noch besser umsetzen zu können. Auf dieser Website finden Sie auch ein Gratis-Video mit weiteren Tipps. Wer die Hauptprinzipien lieber von mir »in Aktion« erklärt bekommen möchte, kann die DVD *The Missing Link: So wenden Sie ›The Secret‹ richtig an* bestellen.

Ich wünsche Ihnen ein glückliches Leben und eine Entdeckungsreise, die von Freude und Gesundheit begleitet ist. Dieses Buch erscheint zusammen mit einer CD, die ein wichtiger Bestandteil des Trainings ist. Ich hoffe aufrichtig, dass Sie sie dazu nutzen werden, Ihr Leben noch stärker in Einklang mit dem zu bringen, was Sie wollen.
Wenn Sie die Tipps und Ratschläge in diesem Buch befolgen, werden Ihre Erfolgsaussichten erheblich steigen. Zudem werden Sie sich glücklicher, reicher und vitaler fühlen. Der allerwichtigste Lernstoff wird es sein, Ihren Geist zu trainieren und an ihm zu feilen – mehr brauchen Sie gar nicht, um das zu manifestieren, was Sie haben wollen.

Fallbeispiel

Peter, 52, war superreich und hatte alles, was er je gewollt hatte. Ich lernte ihn über seine Mutter kennen, eine Patientin von mir. Er war ein Meister im Geldmanifestieren und zudem einer der besten Verhandlungspartner, die mir je begegnet sind. In der Liebe allerdings lief bei ihm absolut gar nichts. Es gab keine Frau, für die er sich wirklich interessierte. Wie er mir sagte, suchte er mich auf, weil sein Facharzt bei ihm verstopfte Arterien und einen zu hohen Cholesterinspiegel festgestellt hatte und weil die Medikamente, die man ihm deshalb verabreichte, bei ihm Übelkeit erzeugten. Jetzt war er auf der Suche nach natürlichen Alternativen.

Meine Untersuchung ergab, dass sein Unterbewusstsein nicht offen war für die Idee, dass er alles im Leben haben könnte. Er konnte, so sagte es ihm, nur *entweder* reich *oder* gesund sein, nicht aber reich *und* gesund – und schon gar nicht reich, gesund *und* glücklich –, was ich ihm durch einen simplen Muskeltest demonstrierte. Bei dem Satz »Ich kann reich *und* gesund sein *und* in einer glücklichen Beziehung leben!« hielten seine Muskeln nicht stand – ein Zeichen, dass sich sein Unterbewusstsein mit der Botschaft schwertat und sie nicht akzeptierte. Als er jedoch sagte: »Ich kann reich sein *und* elend *und* kränklich«, gaben seine Muskeln nicht nach – mit anderen Worten, sein Unterbewusstsein stimmte zu.

Ich arbeitete dann mit ihm, um sicherzustellen, dass sein Unterbewusstsein und sein Bewusstsein miteinander und mit dem Konzept der Erfolgskette harmonierten (mehr hierzu erfahren Sie noch in diesem Buch).

Sechs Monate später waren Peters Arterien frei und er war unsterblich in die Frau seiner Träume verliebt. Wie sangen doch die Beatles? »Money cannot buy me love!" (Mit Geld kann ich mir keine Liebe kaufen.) Nun ja, aber gute Beratung und eine gute Behandlung bekommt man durchaus für Geld.

Mit diesem Buch werde ich Ihnen zeigen, dass Sie keineswegs eine Menge Geld brauchen, damit das »Geheimnis« von *The Secret* bei Ihnen funktioniert. Ich werde Sie Schritt für Schritt anleiten, bis Sie das »Geheimnis« rundum beherrschen. Gut möglich, dass Sie dieses Buch siebenmal lesen müssen, bis Sie es ganz verstanden haben, aber es ist den Aufwand wert. Machen Sie die Lektüre dieses Buches zum wichtigsten Bestandteil Ihres Alltags – dann wird Ihr Leben gelingen.

Für wen ist dieses Buch?

Für Leute wie Roxane Young, die der beste »Secret Life Coach« werden möchte, den die Welt je gesehen hat; so kann sie anderen helfen, *The Secret* in ihrem Alltag zu leben. Im Januar 2008 hielt ich einen viertägigen Workshop mit dem Titel »Trance Coaching« ab: Dabei ging es um eine Methode, im Unterbewusstsein rasante und tiefe Veränderungen herbeizuführen. Therapeuten oder Coachs können dieses Verfahren dazu nutzen, andere dabei anzuleiten, ihr Leben innerhalb kürzester Zeit völlig umzukrempeln. Die Erfolgsquote von Trance Coaching bei der Raucherentwöhnung liegt bei 80 Prozent – und das in der Regel nach nur ein bis zwei Sitzungen, die den Rest des Lebens nachhaltig verändern.

Roxane kam bei diesem Workshop in der Pause auf mich zu und stellte mir alle erdenklichen Fragen zu *The Secret.* Sie erklärte, dass sie sehr gut darin sei, durch Visualisieren etwas anzuziehen. Für bestimmte Sachen – etwa im Hinblick auf einen Job, einen Partner und Ähnliches – funktionierte es auch bestens, nicht jedoch bei anderen Wünschen, da sie schon im Voraus »wusste«, dass das Ersehnte »nicht möglich« oder »zu groß« sei. Ein Teil dieses Buches dreht sich um Roxane, da sie – wie viele andere – einen klaren Leitfaden braucht, um alles Gewünschte zu manifestieren. Eines ihrer Ziele besteht darin, der beste Life Coach zum Thema »Gesetz der Anziehungskraft« zu werden, etwas, das sie einen »Secret Master Life Coach« nennt. Ich riet ihr, sich als Erstes Visitenkarten zuzulegen, auf denen zur Vorstellung gleich diese Bezeichnung steht. Und ich versicherte ihr, dass ich sie coachen würde, sodass sie trotz ihrer Jugend (sie ist 23) der beste Secret Master Life Coach werden würde. Ihre erste Lektion lautet, dass sich das Gesetz der Anziehung nicht um unser Alter schert. Ich selbst habe mit 24 mein Medizinstudium abgeschlossen, und ein paar Jahre später hatte ich in den Niederlanden die größte Privatklinik in alternativer Medizin. Ich habe weltweit mehr als 100.000 Menschen trainiert, vom Weltmeister bis zum Arbeitslosen. Dieses Buch wird Ihnen zeigen, dass jeder in der Lage ist, in seinem eigenen Leben die Regie zu führen und es kreativ zu gestalten.

Dieses Buch ist für alle, die trotz des einen oder anderen Rückschlags weiterhin das Leben führen möchten, das sie wirklich wollen. Dieses Buch wird Sie lehren, sich nicht mit weniger zufrieden zu geben als mit dem, was Sie wollen, und die Begleit-CD verrät Ihnen das wichtigste »Missing Link«, das fehlende Bindeglied oder Puzzleteil, das in *The Secret* ausgelassen wurde.

Eine von Roxanes Fragen an mich lautet: »Wie finde ich heraus, was ich wirklich will? Bisher habe ich mich in meinem Leben immer fehl am Platz gefühlt und war eine Zeit lang sogar ziemlich destruktiv.«

Etwas vom Wesentlichen, das Sie verstehen müssen, bevor Sie mit *The Secret* zu arbeiten beginnen, ist der Unterschied zwischen Ihrem *Bewusstsein* und Ihrem *Unterbewusstsein.* Ich fragte Roxane, wie oft sie die Begleit-CD *The Missing Link* hört. »Immer wenn ich daran denke«, sagte sie, »vielleicht zweimal die Woche.« Worauf ich kurz und knapp zurückgab: »Wenn du wirklich etwas in deinem Leben verändern willst, musst du zunächst dein Unterbewusstsein komplett auf das ausrichten, was du willst! Das erreichst du schneller, indem du deine Affirmationen praktizierst *und* dir die CD anhörst. Das wird dir helfen, dein Unterbewusstes umzuprogrammieren.«

Dieser Rat gilt auch für Sie.

Es gibt vier Möglichkeiten, Ihr Unterbewusstsein zum mächtigen Verbündeten für Ihren Erfolg zu machen:

Option 1: Führen Sie täglich mindestens dreimal Ihre *Secret*-Übung durch (die Anleitung folgt).

Option 2: Hören Sie sich jeden Tag die Begleit-CD *The Missing Link* an.

Option 3: Nehmen Sie an einem Workshop teil, der Ihnen helfen wird, Ihre inneren Sabotageprogramme zu überwinden.

Option 4: Suchen Sie sich einen vertrauenswürdigen Coach (Omega NEI Health Coach), der Sie auf Ihrem Weg zum Erfolg unterstützt.

Eine zusätzliche Option besteht darin, dieses ganze Programm zusammen mit einem Freund oder einer Freundin durchzuführen.

Obwohl sie die Prinzipien von *The Secret* anwenden, erzielen viele nicht die gewünschten Resultate. Der wichtigste Grund dafür: Ihr Unterbewusstsein arbeitet dabei gegen sie. Deshalb bildet das Anhören der CD *The Missing Link* einen so entscheidenden Teil meines Ansatzes. Die einfachste Möglichkeit, die CD einzusetzen, besteht darin, sie einfach vor dem Schlafengehen aufzulegen.

Unser Unterbewusstsein beeinflusst unsere Lebensqualität. Man könnte unseren Geist mit einem Eisberg vergleichen: Der Teil, der sich über Wasser befindet (12,5 Prozent), ist der bewusste Teil. Der unter Wasser befindliche Teil (87,5 Prozent) ist unser Unterbewusstsein.

Ihre Wirklichkeit wird davon bestimmt, welche Selbstgespräche Sie führen und wie Sie an das Leben herangehen. Das Unterbewusstsein ist viel stärker als das Bewusstsein – das heißt, dass das Unterbewusstsein das Gewollte sabotiert, falls Sie etwas von der bewussten Ebene her wollen, aber das Unterbewusstsein es *nicht* will.

Warum sollte das Unterbewusstsein jenes, was Sie auf der bewussten Ebene haben wollen, oft *nicht* wollen? Die Ursache liegt in unserer Angst vor Veränderung. Vor unserer Geburt hatten wir ein richtig gutes Leben im Mutterleib – eigentlich perfekt. Dann setzten plötzlich die Wehen ein und wir wurden aus diesem Paradies vertrieben. Das war unsere erste große Veränderung. Fast jeder hat ein solches Geburtstrauma, das unser Unterbewusstsein dann darauf programmiert hat, Angst vor Veränderung zu haben. Das Unterbewusstsein mag Veränderungen nicht, selbst wenn sie für uns besser sind. Eine Zeit lang hilft Willenskraft, aber dann verfallen wir wieder in unsere alten Gewohnheiten.

Sie müssen mir diese Information nicht einfach glauben. Betrachten Sie sich nur einmal Ihr Leben, und Sie werden feststellen, dass es vieles auf Ihrer Wunschliste gibt, das Sie nicht tun: für mehr körperliche Bewegung zu sorgen, sich gesünder zu ernähren, mehr Zeit für sich zu haben, mit dem Rauchen aufzuhören, zu meditieren, abzunehmen etc.

Ein gutes Beispiel sind die Millionen von Menschen, die eine Diät machen. Nur 2 bis 4 Prozent gelingt es, die Pfunde loszuwerden und das neue Gewicht zu halten. Und diese Gruppe erreicht das nur, indem sie erkennt, dass Schlanksein ausschließlich mit Identität zu tun hat und dass dazu eine Lebensführung gehört, die ihrer neuen schlanken Identität entspricht. Diäthalten wirkt nicht, da es nichts an der Identität verändert. Doch *The Secret* und die Begleit-CD dieses Buches können dagegen etwas in unserem Unterbewusstsein verändern, in dem auch unser Selbstbild angesiedelt ist – ein zentraler Bestandteil unserer bewussten *und* unbewussten Identität.

Krankheit

Wenn ich jemanden mit einer chronischen Erkrankung behandle – sei er ein Patient, der mich konsultiert, oder ein Coaching-Klient –, mache ich es ihm zur Auflage, sich bestimmte CDs anzuhören, da sich das als effektiver erwiesen hat, als nur zu den Sitzungen zu kommen. Außerdem ist es kostengünstiger, da die Betreffenden weniger Behandlungen brauchen. Sie hören sich mindestens einmal vor dem Aufstehen und vor dem Einschlafen einen der aufgezeichneten Abschnitte an.

Wenn Sie wirklich ein Ziel erreichen wollen, mit dem es bislang nicht geklappt hat, und Sie nehmen wahr, dass Sie Zweifel haben oder sich selbst sabotieren, rate ich Ihnen, Ihr Unterbewusstsein förmlich mit dem Entsprechenden zu »überfluten«. Die Überflutung Ihres Unterbewusstseins hilft bei der schnellen Umprogrammierung. So habe ich zum Beispiel eine Methode für Leute entwickelt, die mit dem Rauchen aufhören wollen; sie basiert auf eben diesem Prinzip des »Überflutens«. 70 Prozent der Betreffenden schaffen es bei Anwendung dieser Methode nach nur einer Sitzung, auf das Rauchen zu verzichten.

Das Prinzip der Überflutung

Wenn Sie immer wieder Pech oder unliebsame Situationen anziehen, können Sie Ihr Unterbewusstsein »überwältigen«, indem Sie sich mindestens dreimal am Tag die Begleit-CD *The Missing Link* anhören. Lassen Sie Ihren Wecker morgens eine Stunde früher klingeln und bleiben Sie im Bett liegen, während Sie der CD lauschen. Hören Sie die CD tagsüber noch wenigstens ein weiteres Mal an und planen Sie das Gleiche noch einmal vor dem Einschlafen ein. So wird Ihr Unterbewusstsein auf Ihre tiefsten Herzenswünsche synchronisiert, was bedeutet, dass es einfach handeln *muss.*

Ich habe schon Menschen mit Krebs erfolgreich begleitet, die sich meine spezielle CD *Healing* siebenmal täglich anhörten und ihr Unterbewusstsein konstant damit überfluteten. Dabei lässt sich die eigene Identität (Einstellungen und Überzeugungen) im Handumdrehen ändern.

Fallbeispiel

Januska war 55 Jahre alt. Sie hatte sich frühberenten lassen und besuchte drei Jahre lang Schulungen im Rahmen unserer »Be the Best You Can Be Academy«. Sie wurde zertifizierter Coach und erholte sich vollständig von ihrem Burn-out-Syndrom; auch ihr bislang hoher Blutdruck normalisierte sich. Bei dieser Ausbildung kommt zunächst immer die Eigenarbeit an die Reihe. Während meines fünftägigen Workshops zum Thema »Living the Secret« in den Niederlanden kam sie zu mir und fragte: »Was mache ich jetzt? Ich will arbeiten, aber ich finde keinen Job!« Ich sah sie an und sagte: »Hör dir dreimal am Tag die CD *The Missing Link* an. Visualisiere, welche

Art von Job du gerne hättest, und sei jeden Tag dankbar dafür, so viel Energie zu haben. Vielleicht kannst du ja ehrenamtlich tätig werden.«

Zwei Monate später schickte mir Januska eine E-Mail: Beim Einkaufen war ihr ein Freund begegnet, den sie seit 10 Jahren nicht mehr gesehen hatte. Er suchte einen Coach für seine Beschäftigungs- und Qualifizierungsgesellschaft. Sie zeigte ihm, was sie konnte – worauf er sie sofort einstellte. Andere sprechen bei so etwas von einem Zufall, aber ich weiß mit Sicherheit zu sagen, dass *The Secret* auf mysteriöse Weise wirkt.

Die *Secret*-Technik

Ich habe eine bestimmte Technik in Verbindung mit *The Secret* entwickelt, um Unterbewusstsein und Bewusstsein mit jenem in Einklang zu bringen, was Sie erreichen wollen. Das funktioniert so: Sagen wir (zum Beispiel), Sie möchten nach Südafrika auf Safari, aber bislang fehlt Ihnen noch das Geld dazu.

Atmen Sie langsam und tief ein und aus. Zeigen Sie dabei mit Ihrem rechten Zeigefinger auf Ihr Herz und legen Sie die linke Hand auf Ihre Stirn, während Sie Ihre Affirmation sprechen (es spielt dabei keine Rolle, ob Sie Links- oder Rechtshänder sind):

»Bald gehe ich in Südafrika auf Safari, und das Geld dazu wird sich in Kürze mühelos einfinden.«

Tun Sie das ein paarmal am Tag. Dadurch werden Ihre linke und rechte Gehirnhälfte sowie Ihr Unterbewusstsein synchronisiert. Zurückgegriffen wird hierbei auf sogenannte »Reflexpunkte« und die Macht der Intention. Wenn Sie die linke Hand auf Ihre Stirn legen, entsteht eine energetische Verbindung zwischen Ihrer linken Gehirnhälfte (Verstand) und Ihrer rech-

ten (Gefühl). Indem Sie auf Ihr Herz zeigen, aktivieren Sie Ihr Herzchakra, was Ihr Unterbewusstsein stärker öffnet.
Sie brauchen nicht daran zu glauben oder es zu verstehen; Sie werden spüren, dass sich in Ihnen etwas tut, und Sie werden merken, dass Sie sich zunehmend ruhiger fühlen. Wichtig ist dabei, mindestens dreimal langsam ein- und auszuatmen.
Ich nenne diese Methode die »*Secret*-Technik«, weil sie schnell Wirkung zeigt und man mit ihr eine Menge machen kann: Über energetische Prinzipien stimmt sie rasch das Unterbewusstsein auf eine Linie mit dem ein, was Ihr Bewusstsein will.

Fallbeispiel

Celal, 28 und türkischer Herkunft, arbeitete als Kellner in einem Tagungszentrum. Er hatte dort Dienst, als ich einen Workshop über *The Secret* abhielt, und konnte sich kaum losreißen, als er aufschnappte, worum es ging. In der Pause kam er zu mir und sagte: »Ich denke, was Sie da sagen, ist großartig. Aber ich habe kein Geld und meine Freundin lebt in der Türkei. Ich kann es mir nicht leisten, sie hierher zu holen, weil meine Mutter krank ist und ich die Kosten für ihre Behandlungen aufbringen muss.«
Gemeinsam mit Celal wandte ich die *Secret*-Technik an. Ich gab ihm die CD *The Missing Link* und sagte: »Wenn es Ihnen ernst ist, hören Sie sich das zweimal am Tag an, und dann wenden Sie diese Technik an und sagen dabei: ›Ich vertraue voll und ganz darauf, dass das Universum einen Weg findet, meine Verlobte in die Niederlande zu bringen, auf dass wir miteinander glücklich sein können!‹« Dann bat ich ihn noch, mir eine E-Mail zu

schicken, wenn es so weit wäre, damit ich zu seiner Hochzeit kommen könne.

Drei Monate später traf Celals E-Mail bei mir ein, aus der hervorging, dass er drei Tage nach unserer Begegnung in Amsterdam einem alten Schulfreund über den Weg gelaufen sei, der in den Niederlanden zwei Imbissläden besaß. Dieser Freund musste für ein, zwei Monate in die Türkei, da sein Vater im Sterben lag, und er hatte niemanden, der ihn so lange vertreten konnte. Celal hatte also diesen Job übernommen und seine Sache so gut gemacht, dass der Laden mehr brummte als je zuvor, wofür sein Schulfreund ihn großzügig entlohnte und ihm anbot, als Partner einzusteigen. Nun lud mich Celal zu seiner Hochzeit in die Türkei ein.

Zufall? Ich weiß mit Sicherheit – und Sie werden es in diesem Buch erfahren –, dass *The Secret* auf mysteriöse Weise wirksam ist …

Wer schnellere Fortschritte machen möchte, kann sich auch mit einem der Coachs in Verbindung setzen, die bei mir ausgebildet wurden. Sie werden Ihre Sabotagemechanismen mit unfehlbarer Sicherheit aufspüren und sie in ermächtigende Erfolgsprogramme transformieren, durch die Sie erreichen, was Sie wollen. Weitere Informationen finden Sie auf meiner Website. Besuchen Sie auch die Website, um kostenlose Ergänzungen zu diesem Buch herunterzuladen, die Ihre Erfolgschancen noch verbessern werden, etwa das Arbeitsbuch *The Secret: Missing Links*.

Ihr Unterbewusstsein wird sich *nicht* ändern, wenn Sie das Buch lediglich lesen: Der Eisberg wird nur weiter eine Richtung bestimmen, die Ihr Bewusstsein gar nicht einschlagen will. Sie müssen sich auch unbedingt die Begleit-CD anhören und sich

engagiert mit den Übungen befassen. Die Übungen werden Ihnen helfen, mühelos erfolgreich zu sein. Ich wünsche Ihnen viel Spaß beim Lesen und Zuhören.
Roy Martina

Die sieben Schritte zum Erfolg

Diese sieben Schritte zum Erfolg gehen auf Will Edwards, Experte für persönliche Weiterentwicklung, zurück. Ich habe sie angepasst und noch etwas ausgefeilt. Sie lassen sich haargenau auf mein Leben und auf jenes vieler erfolgreicher Menschen anwenden. Viele wollen etwas erreichen, tun aber nichts dafür. Erfolg ist nur dann möglich, wenn man das Ziel wirklich für erreichbar hält. Das ist die höchste Ebene des Gesetzes der Anziehungskraft. Die meisten Menschen starten auf einer niedrigeren Ebene, und diese sieben Schritte werden Ihnen helfen, Ihre Zukunft mühelos Gestalt annehmen zu lassen.

Hier ist meine Lebensgeschichte in Kurzform: Der Erfolg kam bei mir schon als Fünfjähriger. In diesem Alter lernte ich zu meditieren. Ich hatte Judo zu üben begonnen, und dazu musste man mit geschlossenen Augen in der sogenannten *Zazen*-Position knien. Niemand sagte mir, was ich währenddessen tun sollte, also fing ich beliebig zu fantasieren an und dachte mir aus, was immer ich wollte. Manchmal dauerte es 15 Minuten, bevor der *Sensei* (japanisch: »Lehrer«) mit dem Unterricht begann. Ich hatte ADHS; meine Gedanken kamen nicht zur Ruhe, also ließ ich meine Fantasie Purzelbäume schlagen. So visualisierte ich unwillentlich und ohne Anleitung viermal pro Woche. Ich liebte die Visualisierungen und diese stillen Momente so sehr, dass ich auch zu Hause und in der Kirche, wenn wir wieder einmal eine Stunde lang stillsitzen mussten, damit anfing. Außerdem begab ich mich während des Schulunterrichts auf Reisen in alle erdenklichen Welten, unter anderem in die Zukunft. Die Konsequenzen meiner Visualisierungen sollten sich bald zeigen: Ich wurde die Nummer eins in der Schule und im Sport, und ich wusste schon mit fünf, was ich einmal werden wollte.

Mit 22 wurde ich Arzt. Im Sport gewann ich mehr als 400 Wettkämpfe in so ziemlich allem: von Tennis und Tischtennis bis hin zu Leichtathletik, Schwimmen, Judo, Karate und Kickboxen. Ich habe sogar ein paar Weltmeistertitel in diesen Disziplinen gewonnen. Ich habe fast alles erreicht, was ich mir in den Kopf gesetzt hatte; einige Wünsche und Träume sind noch in der Mache und dabei, Gestalt anzunehmen, während die Zeiger der Uhr weiter vorrücken.

1980 eröffnete ich meine erste naturheilkundliche Praxis; ein Jahr später verfügte ich über die größte Praxis der Niederlande, mit 10 Therapeutinnen und Therapeuten (zwei praktische Ärzte und vier Physiotherapeuten sowie je zwei Diät- und Therapieassistenten). 1986 zog ich nach Amerika, und innerhalb von zwei Jahren wurde ich zu einem der meistgefragten alternativen Mediziner in den Vereinigten Staaten. Ich unterrichtete in 24 Bundesstaaten und später in über 20 Ländern.

Geschäftlich war mein Erfolg eher schwankend. Immer wieder zog ich die falschen Geschäftspartner an, und gleich mehrmals ging etwas schief. Auch in Beziehungen war ich kein Held: Zu einer Scheidung kamen sechs gescheiterte Beziehungen. Ich machte mich also auf die Suche nach dem Element, das noch fehlte, und entdeckte unter anderem, wie unser Unterbewusstsein funktioniert. Aber damit ist es nicht getan. Alles beginnt mit den sieben Schritten zum Erfolg. Sie sind die Basis Ihres Plans.

Es ist höchste Zeit, aufzuwachen!
Die meisten sind damit zufrieden, einen Job zu haben, der ihre Grundbedürfnisse erfüllt; sie überlegen sich nie, wie ihr Leben wirklich aussehen könnte. An einem bestimmten Punkt in meinem Leben entdeckte ich die Intention meines Lebens, den Grund, warum ich hier auf der Erde bin. Ich fand heraus, was mich wahrlich glücklich macht, und stellte fest, dass das, wozu mein Leben gedacht ist, mir auch am meisten Freude bereitet. Meine Lebensaufgabe hier auf der Erde besteht darin, anderen zu mehr Lebensqualität zu verhelfen. Andere zu coachen, wie sie erfolgreich sein und ihre Ziele erreichen können, macht mich glücklich. Ich habe Millionen von Menschen geholfen, sei es direkt oder indirekt. Meine Realität übersteigt bei Weitem alles, was ich mir je hätte träumen lassen. Wer wirklich seinem Herzen folgt, dessen Wirklichkeit wird zum Traum, und seine Träume werden Wirklichkeit.

Meine Botschaft an Sie ist einfach: Es wird Zeit, dass Sie handeln! Es wird Zeit, anders über das Leben zu denken. Es wird Zeit, dass Sie sich Ihren Traum erfüllen – wie auch immer er aussehen mag. Dazu sind Sie hier. Indem Sie Ihr eigenes, einzigartiges Ziel finden und erfüllen, leben Sie ein vollkommen gelebtes Leben. Ich hoffe, dass Sie sich selbst mit einem Mal als besonderen Menschen erkennen, der ein wahrhaft einzigartiges

Ziel im Leben verfolgt! Hier sind die sieben Schritte, die Ihnen helfen, dies zu erreichen.

Schritt 1: Hingabe – Mut zu kühnen Träumen

Hingabe – das heißt, sich intellektuell oder emotional einem klar umrissenen Handeln oder Tun zu verschreiben. Um erfolgreich zu sein, brauchen Sie einen Traum. Es ist wichtig, dass Sie sich für sich selbst engagieren: Sie sind wichtig, und deshalb sind Ihre Träume wichtig. Sie werden lernen, dies auf eine Weise zu leben, die Ihnen wirklich entspricht. Sie brauchen keine Zweifel mehr zu haben, dass Ihnen Ihr Platz auf der Erde auch wirklich gebührt: Sie sind ebenso wichtig wie jeder andere. Keiner ist mehr, keiner ist weniger.

Engagement und Hingabe stellen sich ein, wenn Sie wissen, dass Ihre Ziele wichtig sind. Sie denken oder glauben, Sie hätten keine Ziele? Dann nehmen Sie es in Angriff, glücklich, vital und mühelos zu sein und diese Qualitäten in Ihrem Leben zu einer Priorität werden zu lassen.

Lernen Sie, frei von Widerstand zu leben. Lassen Sie sich von anderen nicht ärgern. Seien Sie jeden Morgen beim Aufstehen fröhlich, fühlen Sie sich dabei rundum gesund und berstend vor Energie, und vertrauen Sie fest darauf, dass alles, was sich bei Ihnen einstellt, das Richtige ist. Das ist alles, was es für Sie selbst zu wollen gilt. Dann überlassen Sie es dem Universum, zu entscheiden, welche sonstigen wunderschönen Dinge es Ihnen in den Schoß werfen wird. Ein Leben ohne jeglichen Widerstand – mit anderen Worten: ein müheloses Leben, ein Leben im Fluss.

Fallbeispiel

John war ein hochintelligenter Junge mit einem schweren Aufmerksamkeitsdefizit in Verbindung mit Hyperaktivität (ADHS). Er hatte in der Schule immer gute Noten gehabt, bis er plötzlich als 16-Jähriger jede Motivation verlor. Er machte keine Hausaufgaben mehr und seine Noten rutschten ab. Trotz aller gut gemeinten Bemühungen seiner Eltern war sein Antrieb auf dem Nullpunkt. Weder Belohnungen noch Strafe richteten etwas aus. Ihn interessierte es nicht, ob er seine letzten anderthalb Schuljahre abschließen würde. Er wusste nicht, was er später werden wollte, und fand die Schule öde und uninteressant. Er wollte sich allenfalls noch mit Computerspielen befassen, vorzugsweise den ganzen Tag lang.

Seine Eltern waren gute Bekannte von mir, und um ihnen einen Gefallen zu tun, fand ich mich zu einem Treffen mit John bereit. Ich fragte ihn, was er in der Zukunft am allerliebsten machen würde. »Weiß nicht«, gab er zurück. Dann fragte ich ihn, ob er sich auf eine geführte Meditation mit mir einlassen würde. Ich brachte ihn dazu, sich zu entspannen, und führte ihn zehn Jahre weit in die Zukunft. Ich fragte ihn, ob er sich vorstellen könne, seinen 26. Geburtstag zu feiern, rundum glücklich zu sein und einen Job zu haben. »Klar habe ich einen Job«, antwortete er, »irgendwo muss die Kohle ja herkommen.« Ich trug ihm auf, er solle sich einmal den besten Job ausmalen, den er sich vorstellen könne. Er überlegte kurz, und dann sagte er: »Computerspiele entwickeln und testen.« »Okay«, sagte ich, »dann stell dir vor, genau darin besteht dein Job. Du arbeitest in einem Team mit anderen zusammen, die alle etwas Ähnliches machen wie du. Frag Sie doch mal, wie sie so weit gekommen sind und ob sie die Highschool zu Ende gemacht haben.« Nach einer Weile meinte John: »Ja, die haben alle den Highschool-Abschluss. Einer hat sogar Informatik studiert, um mehr über Software zu lernen.«

Ich brachte John ins Hier und Jetzt zurück und fragte ihn, ob ihm jetzt klar würde, wie wichtig es sei, den Highschool-Abschluss zu packen. Er nickte und überlegte eine Zeit lang. Dann sagte er: »Ich werde alles dafür tun, dass mein Traum wahr wird!«

Anderthalb Jahre später ging John als Klassenbester von der Highschool ab. Und wie der Zufall es so wollte, hatte er in der Zwischenzeit einen neuen Traum: Er war in einem supermodernen Computerspiel-Zentrum gewesen, und dort stand ein Flugzeug-Simulator. Er hatte stundenlang damit gespielt und schließlich beschlossen, dass er gerne Pilot werden wollte. Jetzt absolviert er gerade die Pilotenausbildung.

Das Universum verfügt über eine rätselhafte Macht, uns an den Ort zu bringen, wo wir sein müssen, auch wenn wir noch nicht wissen, wo das ist. Wir müssen lernen, zu vertrauen.

Einer der ersten Schritte, Ihre Hingabe auch einzuhalten, besteht darin, ein »*Secret*-Tagebuch« anzulegen. Legen Sie sich ein Notizbuch zu, dann kann Ihre Reise zu dem, was Sie alles ausrichten können, beginnen.

Ihr Secret-Tagebuch

In diesem Tagebuch vermerken Sie alles, wofür Sie dankbar sind, sowie alles Gute, das Sie anziehen.

Und hier ist eines der wahren Erfolgsgeheimnisse: Haben Sie

kühne Träume – denn Sie können alles haben, was Sie haben wollen! Das ist im Grunde die Kernbotschaft von *The Secret*.

Was bedeutet es, sich einem Traum mit Haut und Haar zu verschreiben? Während meines Medizinstudiums nahm ich auch Karateunterricht und wollte Europameister werden; das war mein ultimativer Traum. Außerdem wollte ich gute Examensnoten. Also stand ich jeden Tag zwei Stunden früher auf als sonst und trainierte extrem hart. Tagsüber pausierte ich alle zwei Stunden mit dem Lernen, um eine halbe Stunde zu trainieren. Ich besaß lediglich einen blauen Gürtel und brauchte noch ein bis zwei weitere Jahre, um den schwarzen Gürtel zu erhalten. Nie zuvor hatte ein Träger des blauen Gürtels es geschafft, bei diesem Meisterschaftswettkampf mitmachen zu können. Vor den Europameisterschaften verlieh mir mein Lehrer den brauen Gürtel – eine Kategorie unter dem schwarzen Gürtel. Ich fühlte mich bereits wie ein Meister, und auch in Kyokushinkai-Karate wurde ich Europameister. Als Lohn erhielt ich den schwarzen Gürtel. Außerdem stellte ich zwei neue Weltrekorde auf und wurde zum Vorbild in Sachen Einsatz und Engagement erklärt.

Wenn Sie einen Traum haben, müssen Sie ähnlich entschlossen sein, und wenn das gegeben ist, garantiere ich Ihnen, dass Sie Erfolg haben werden! Wir werden noch näher darauf eingehen, wann es hart zu arbeiten gilt und wann es einfach noch etwas zu warten heißt. Spitzensport ist natürlich etwas anderes als zum Beispiel die Arbeit an uns selbst.

Was Sie tun, muss sich mit dem decken, was Sie sich wünschen; Sie müssen in der Lage sein, Ihre Wünsche in die Wirklichkeit zu übertragen. Der erste Schritt jedoch besteht darin, diesen Traum zu haben – Ihren eigenen Traum.

Schritt 2: Geistige Offenheit ist Synchronizität

Kennzeichnend für geistige Offenheit ist die Einstellung, unmittelbaren Zugang zu den eigenen Handlungen oder Zielen zu haben. Sie bedeutet die Bereitschaft, etwas zu empfangen – vor allem wenn es um Eindrücke oder Ideen geht. Auch materielle Dinge in Empfang zu nehmen, will gelernt sein. Die meisten sind im Geben besser als im (An-)Nehmen. Wenn Sie gedanklich gut in Kontakt mit Ihrem Ziel sind, werden Sie merken, dass ganz eigenartige Dinge in Ihrem Leben geschehen; das Universum mischt sich ein, um Ihnen beim Erreichen Ihres Ziels zu helfen. Wir sprechen dann von *Synchronizität.* Mehr dazu später.

Das Gesetz der Anziehung mobilisiert die unsichtbaren Kräfte, die Ihnen definitiv helfen werden, Ihre Träume zu manifestieren. Sooft Ihnen das Universum ein Signal sendet, um Sie auf Ihrem Weg zu führen, werden Sie genauer hinhören. Menschen, Ereignisse und Umstände werden Ihnen helfen, Ihren Traum zu verwirklichen. Kultivieren Sie geistige Offenheit, und das Universum ist bereit, Ihnen alles im Überfluss zu geben. Die Frage ist: Sind Sie bereit, im Überfluss zu empfangen?

Schritt 3: Durchhaltevermögen – »Nichts kann mich auf dem Weg zu meinem Ziel aufhalten!«

Durchhaltevermögen bedeutet, sich zu weigern, aufzugeben, vor allem angesichts von Widerstand oder Problemen, und etwas ununterbrochen und energisch zu verfolgen. Durchhaltevermögen bedeutet, ein Ziel beharrlich im Visier zu behalten, statt nur auf die Hindernisse zu achten.

Als ich sechs Jahre alt war, sagte man meinen Eltern, ich sei lern-

gestört, da mein Gehirn bei der Geburt leicht geschädigt worden sei. Man erklärte mir, ich würde nicht so gut lernen können wie andere Kinder, und eine Schule für Kinder wie mich gab es auf Aruba nicht. Mit fünf Jahren beschloss ich, alles zu tun, was in meiner Macht stand, um Arzt zu werden. Dieser Traum rührte auch daher, dass ich Asthma und Bronchitis hatte und dass Ärzte mir oft buchstäblich das Leben retten mussten. Ich wollte anderen das Leben retten, genauso wie sie das bei mir getan hatten. Ich gab nicht auf, arbeitete hart und lernte eifriger als alle anderen. Drei Jahre später wurde ich schließlich Klassenbester, was auch so blieb, bis ich mit 16 von der Schule abging. Mein Examen an der medizinischen Hochschule machte ich mit 24. Mein Weg war voller Barrieren: niedriger Blutzuckerspiegel, Allergien, Kopfschmerzen, hoher Blutdruck, Ohnmachtsanfälle, Nasenbluten, Schlaflosigkeit, chronische Müdigkeit usw. Aber nichts konnte mich aufhalten; ich war wild entschlossen, Arzt zu werden, koste es, was es wolle. Die Hindernisse machten mich nur stärker und bestätigten mich in meinem Entschluss.
Ihren Traum in einen Maßnahmenkatalog umzusetzen und die entsprechenden Schritte zu unternehmen, bringt Sie Ihrem Ziel näher und wird Sie dieses Ziel schließlich erreichen lassen.

Schritt 4: Flexibilität und Kreativität

Flexibilität bedeutet Anpassungsfähigkeit. Kreativität bedeutet, sich ständig neue Strategien auszudenken und stets aus dem zu lernen, was nicht funktioniert hat.
Flexibilität ist eine Maßnahme, die es ermöglicht, sich vorab auf nötige Veränderungen einzustellen. Durchhaltevermögen ist eine wichtige Eigenschaft; allerdings kann es passieren, dass

sie ohne Flexibilität nicht viel nutzt. Ohne ein gewisses Maß an Flexibilität bei Ihrer Herangehensweise versuchen Sie womöglich für den Rest Ihres Lebens immer wieder, ein Objekt von der Stelle zu bewegen, das sich nicht bewegen lässt. Die Bereitschaft, das, was Sie heute tun, zu ändern und Entschlossenheit an den Tag zu legen, bedeutet, dass Sie scheinbar unüberwindliche Hindernisse überwinden können. Flexibilität heißt nicht, dass Sie sich selbst untreu werden; das bleibt immer die Grundvoraussetzung. Seien Sie Ihren Träumen treu – sie stehen fest –, aber zeigen Sie sich flexibel, wenn es darum geht, *wie* Sie ans Ziel gelangen.

Nehmen Sie bewusst wahr, was bei Ihnen funktioniert und was nicht. Ändern Sie Ihre Herangehensweise – und beobachten Sie dann weiterhin. Indem Sie Ihre Herangehensweise ständig verändern und herausfinden, was funktioniert und was nicht, werden Sie irgendwann nicht mehr zu stoppen sein. Dann existieren keine Fehlschläge mehr.

Ein Beispiel hierfür bietet der Erfinder der Glühbirne, Thomas Edison. In einem Interview wurde er gefragt, warum er nach 10.000 fehlgeschlagenen Bemühungen, die Glühbirne zu kreieren, immer weiter mit seinen Versuchen fortfuhr. Seine Antwort: »Es ist nie fehlgeschlagen. Ich kenne jetzt mehr als 10.000 *nicht* funktionierende Wege, eine Glühbirne herzustellen.«

Wenn Sie wirklich erfolgreich sein wollen, können Sie es auch! Sie müssen nur bereit sein, dafür zu arbeiten – Sie müssen bereit sein, alles dafür zu tun und Ihren Blickwinkel immer wieder zu verändern, um verschiedene Wege zum Ziel zu finden.

Schritt 5: Glaube und Vertrauen

Glauben bedeutet, Prinzipien anzuerkennen, ohne dass sie unbedingt offensichtlich sind. Glauben ist das unausgesetzte Vertrauen in etwas, wofür es keine Beweise oder keinen Nachweis gibt.

Es wird viele Menschen geben, die Ihnen weismachen, dass Sie niemals an den Punkt kommen würden, wo Ihr Traum wahr wird – es gehe einfach nicht. Sie alle gehören zu den 80 Prozent der Menschheit, die irgendwann einmal einen Traum hatten, sich aber mittlerweile mit weniger zufrieden gegeben haben. Es sind diejenigen, die als Schulkinder glaubten, dass sie einmal Piloten, Medizinerinnen, Sänger, Tänzerinnen, Missionare etc. werden würden. Aber irgendwann haben die Erfahrungen, die sie in ihrem Leben machten, sie geistig gebrochen, sodass sie ihre Träume, wenn auch ungern, beiseite schoben. Diese Träume sind noch immer lebendig, irgendwo tief in ihrem Innern, aber die Betreffenden glauben heute nicht mehr daran, dass sie erreichbar sind. Ihre Umgebung, darunter wahrscheinlich auch ihre Eltern und Lehrer, haben ihnen die Träume zerstört, etwa durch ihre Kommentare, durch »gut gemeinte« Ratschläge und Ähnliches.

Ich habe das selbst bei meinem ältesten Sohn Sunray mitbekommen: Er wollte unbedingt Pilot werden und unterhielt sich mit dem Vater eines Freundes darüber. Der riet ihm, er solle besser nicht Pilot werden, denn die Flugbranche tue sich inzwischen wirtschaftlich ziemlich schwer und Piloten würden nicht mehr so gut bezahlt wie sie es verdienten. Für meinen Sohn reichten die Argumente aus, um es sich anders zu überlegen. Fünf Jahre später wurden aufgrund des enormen Wachstums in Fernost weltweit die Piloten knapp.

Kennen Sie die Arbeit von Masaru Emoto? Der japanische Wissenschaftler ist wegen seiner Versuche mit gefrorenem Wasser bzw. für seine Fotografien von Eiskristallen bekannt geworden. Dabei machte er die Entdeckung, dass Wasser, das mit Gebeten bedacht wurde, wunderbar harmonische Kristalle ausbildet, während Wasser, das zum Beispiel beschimpft wurde, bevor man es gefrieren ließ, unregelmäßige und schlecht geratene Kristalle entstehen lässt. Das mag bizarr klingen, aber wenn unsere Gedanken etwas Derartiges bei *Wasser* erreichen können, muss man sich nur vorstellen, was sie *in uns* anrichten können: Der menschliche Körper besteht zu 75 Prozent aus Wasser!

Wenn Ihre Gedanken positiv, bestärkend und voller Glauben sind, haben sie die Kraft, alles von Grund auf zu verwandeln. Sie ändern sich regelrecht, und das versetzt Sie in die Lage, Ihr Ziel zu erreichen. Genau deshalb brauchen Sie Glauben – eine tiefe innere Überzeugung, dass Sie auch dann, wenn vieles dagegen spricht, auf jeden Fall ans Ziel kommen werden. Es gelingt Ihnen, was Sie sich vorgenommen haben. Und sie bewirken etwas in diesem Leben.

Schritt 6: Dankbarkeit

Dankbarkeit ist eine Tugend und hat ihre eigene Dynamik. Sie aktiviert das Gesetz der Anziehung. Dankbarkeit ist eine positive Emotion, die mit Engagement einhergeht; subjektiv bringt sie das Gefühl mit sich, etwas Gutes verdient zu haben, und erzeugt gleichzeitig Demut. Außerdem hängt sie damit zusammen, nichts für selbstverständlich zu halten. Die eigene Haltung hat enorme Auswirkungen. Die Gesetze des Erfolgs lehren uns, eine Haltung der Dankbarkeit zu kultivieren.

Warum hat Dankbarkeit einen derart starken Einfluss auf unseren Erfolg? Anfangs fällt es schwer, im Einzelnen nachzuvollziehen, inwiefern Dankbarkeit ein so wichtiger Schlüssel zum Erfolg sein kann, aber dadurch, dass Sie einen Zustand der Dankbarkeit suchen und ihn sich bewahren, knüpfen Sie an die zeitlosen Gesetze des Erfolgs an. Dankbarkeit hat eine fundamentale Verbindung sowohl zum Positiven als auch gleichermaßen zum Negativen. Es ist viel leichter, dem eigenen Leben und seinen Ereignissen positiv gegenüberzutreten, wenn Sie dankbar sind.
Um sich diese positive Haltung anzueignen, könnten Sie überlegen, ob Sie nicht ein »Tagebuch der Dankbarkeit« führen möchten. Notieren Sie sich drei Monate lang jeden einzelnen Tag, wie viel Anlass Sie zur Dankbarkeit haben. Dies lehrt Sie, sich auf das zu konzentrieren, was in Ihrem Leben gut ist, und Ihr Herz mehr und mehr für das Leben überhaupt zu öffnen.
Rechnen Sie sich jeden Tag vor, in wievielerlei Hinsicht Sie gesegnet sind – genau so, wie Sie es als Kind gelernt haben. Was glauben Sie, was das Resultat sein wird, wenn Sie sich das fest vornehmen? Ich kann nur sagen, dass es absolut verblüffend ist. Beginnen Sie also mit Ihrer Übung, jeden einzelnen Tag dankbar zu sein.

Schritt 7: Leidenschaft

Leidenschaft bedeutet ein starkes, lebhaftes und entschiedenes Eintreten für eine Sache, ein Ideal oder Ziel. Leidenschaft ist das Einzige, wonach es Ihr Herz wirklich verlangt; es ist Ihre tiefste Herzenssehnsucht. Man kann unmöglich an Leidenschaft denken, ohne sich dabei auf das Herz zu beziehen. Wenn ein Wunsch aus tiefstem Herzen kommt, wird alles an Glück,

Erfolg und Erfüllung hinzutreten, was Sie sich wünschen, sobald Sie dem nachgeben. Jenes zu finden, was Ihre Leidenschaft entfacht, bedeutet, Ihr eigenes, einzigartiges Ziel im Leben zu erkennen. Ihre Leidenschaft zu realisieren bedeutet, das zu erreichen, was dem tiefsten Sehnen Ihres Herzens entspricht.
Sie können das, was Sie wollen, erreichen. Sie können der Mensch sein, der Sie zu sein bestimmt sind, und Sie können tatsächlich das Leben führen, das Sie sich erträumen. Diese machtvollen Aussagen treffen zu, und mehr und mehr Menschen haben diese Wahrheit für sich selbst entdeckt. Aber wenn das stimmt, warum haben dann noch immer 80 Prozent aller Menschen Jobs, die ihnen völlig egal sind?
Viele denken, sie wären dann am Höhepunkt angekommen, wenn sie sich ihre eigenen Grundbedürfnisse erfüllen können – und die heißen Respekt, Anerkennung und Verantwortung. Für viele aber bleibt selbst noch dann, wenn sie sich diese Bedürfnisse erfüllen konnten, eine innere Leere zurück: Sie zeigt sich sogar oft nur umso heftiger, je erfolgreicher jemand in der eingeschlagenen Karriere wird. Dann beginnt er oder sie sich zu fragen, worum es im Leben eigentlich geht. Die Beförderungen, der Wagen, das Haus haben ihnen nicht die Befriedigung und das Glück gebracht, auf die die Betreffenden aus waren. Der Bestsellerautor Stephen Covey fasst das Phänomen in das folgende Bild: Zu diesem Effekt komme es, wenn man die Erfolgsleiter erklommen hat und auf der obersten Sprosse merkt, dass die Leiter die ganze Zeit über an der falschen Wand gelehnt hat.

Der Begriff *Selbstverwirklichung* wurde von dem Psychologen und Soziologen Abraham Maslow geprägt; er bedeutet: die Person zu sein, die Sie zu sein bestimmt sind, sowie das Leben zu führen, das für Sie vorgesehen ist. Dadurch können Sie hoffen, den wahren Erfolg zu finden und das zu erreichen, wonach Sie sich wirklich sehnen.

Wir werden uns jetzt anschauen, wie die sieben Schritte mit der Schaffung einer neuen Einstellung (einer neuen Identität für Ihr Leben) zusammenhängen. Auf jedem dieser sieben Gebiete stufen Sie sich irgendwo zwischen 0 und 10 ein, und zwar am besten im Hinblick auf ein bestimmtes Ziel. Zudem werden Sie Ihre größten Stolpersteine ermitteln: die Ausreden, die Sie davon abhalten, Ihr Ziel zu erreichen.
Diesen Auftrag gab ich auch Roxane, als sie sagte: »Bislang habe ich so viele Punkte aufgearbeitet und aufgelöst, aber eben noch nicht alle. Ich war seit meinem dreizehnten Lebensjahr heftig zuckersüchtig, und auch heute rauche ich noch. Außerdem kann ich es nicht ausstehen, alleine zu sein oder zu schweigen.« Sie fand diesen Ansatz sehr nützlich, wenn es darum ging, ihr bei der Ausrichtung auf ihre Ziele zu helfen.

Schritt 1: Hingabe – Mut zu kühnen Träumen
Wenn Sie an Ihre Ziele denken: Wie stark setzen Sie sich auf einer Skala von 0 bis 10 dafür ein, sie zu erreichen? 10 bedeutet hier ganze Hingabe, volles Engagement: Sie setzen alles daran, Ihr Ziel zu erreichen. Hierzu gehört auch das Führen Ihres *Secret*-Tagebuchs, in dem Sie täglich Notizen machen.

Ihre Einstufung (0–10): ......
Ihre größte Ausrede: ......

Schritt 2: Geistige Offenheit ist Synchronizität
Wie offen sind Sie dafür, zu glauben, dass das Universum Sie so weit wie möglich unterstützt? In welchem Umfang sind Sie in der Lage, Menschen, Ereignisse und Umstände zu erkennen, die Ihnen helfen werden, Ihren Traum zu realisieren?

Ihre Einstufung (0–10): ......
Ihre größte Ausrede: ......

Schritt 3: Durchhaltevermögen – »Nichts kann mich auf dem Weg zu meinem Ziel aufhalten!«
Durchhaltevermögen: die Weigerung, aufzugeben. Durchhaltevermögen: ständig am Ball zu bleiben, statt immer auf die Hindernisse zu starren; Ihren Traum in einen Aktionsplan umzusetzen und basierend auf diesem Plan die Schritte einzuleiten, die Sie Ihrem Ziel näher bringen, was schließlich zum Erreichen Ihres Ziels führen wird.

Ihre Einstufung (0–10): ......
Ihre größte Ausrede: ......

Schritt 4: Flexibilität und Kreativität
Flexibilität: die Fähigkeit, sich anzupassen und auf neue Strategien umzuschwenken, wenn die aktuellen nicht zu den gewünschten Resultaten (Zielen) führen. Flexibilität bedeutet nicht, dass Sie Ihrem Traum nicht treu bleiben (daran wird nicht gerüttelt), sondern dass Sie flexibel sind im Hinblick darauf, *wie* Sie dorthin kommen.

Ihre Einstufung (0–10): ....
Ihre größte Ausrede: ....

Schritt 5: Glaube und Vertrauen
Glaube: das starke Vertrauen auf etwas, ohne dass dessen Richtigkeit bewiesen ist.
Wie stark glauben Sie daran, dass Sie Erfolg erreichen können und verdienen?

Ihre Einstufung (0–10): ......
Ihre größte Ausrede: ......

Schritt 6: Dankbarkeit
Rechnen Sie sich immer wieder vor, mit wie vielem Sie gesegnet sind – wie Sie es als Kind gelernt haben. In welchem Umfang sind Sie heute dankbar für Ihr Leben und für das Erreichte?

Ihre Einstufung (0–10): ......
Ihre größte Ausrede: ......

Schritt 7: Leidenschaft
Leidenschaft: das Einzige, wonach es Ihr Herz wirklich verlangt, oder das tiefste Sehnen Ihres Herzens. Wie leidenschaftlich empfinden Sie jetzt gerade?

Ihre Einstufung (0–10): ......
Ihre größte Ausrede: ......

Jetzt wissen Sie, wo Ihre Schwachpunkte liegen, wenn es darum geht, die maximale magnetische Anziehungskraft zu erzeugen, die Sie Ihre Träume erreichen lässt. Sie werden lernen, sie zu mobilisieren.

Selbstverwirklichung

Um im Leben wirklich erfolgreich zu sein, müssen Sie sich trauen, die entsprechenden Gelegenheiten beim Schopf zu packen. Das Universum bietet unablässig neue Chancen: Sind Sie wirklich in der Lage, sie zu ergreifen, sobald sie sich ergeben?

Kürzlich war ich im Amsterdamer Flughafen und kaufte mir gerade einen Kaffee, als ich hinter mir eine vertraute Stimme hörte. Ich drehte mich um und sah Rutger Hauer, einen Lieblings-Filmstar von mir. Ich unterhielt mich kurz mit ihm, traute mich aber nicht, ihm die Frage zu stellen, die mir auf der Zunge lag. Seitdem habe ich an mir gearbeitet, und so ein mutloses Zögern passiert mir nicht noch einmal. Meine Frage als solche war nicht einmal so wichtig, aber der Vorfall machte mir klar, dass ich das, was ich wirklich will, manchmal noch immer blockiere. Das ist der Lernprozess des Lebens: am Ball zu bleiben und dem nachzueifern, was man will; am Ball zu bleiben und sich mehr zu trauen; am Ball zu bleiben und kühner zu werden – dann wird man mehr und mehr zu dem, wer man wirklich ist.

Der Rest Ihres Lebens

Sie sind wahrlich ein einzigartiger Mensch. Das bestätigt sich, wenn Sie Ihren Daumenabdruck betrachten. Tun Sie das doch gleich einmal: Schauen Sie sich Ihren Daumenabdruck an und machen Sie sich klar, es ist einfach ein Faktum, dass Sie der einzige Mensch sind, der je diesen Daumenabdruck gehabt hat! Ist das nicht erstaunlich? Ja, nicht nur dies: Sie sind nämlich auch die einzige Person, die diesen Daumenabdruck jemals haben wird. Sie wissen in Ihrem Herzen, dass Sie einzigartig sind, und das dehnt sich dann auch auf Ihr Lebensziel aus. Es ist so gedacht, dass Sie mit Ihrem Leben etwas Bedeutsames anstellen sollen. Machen Sie nicht den Fehler, zu denken, Ihr Leben hätte keinen bestimmten Sinn. Denken Sie daran, dass Sie, die Person, die Sie jetzt sind, nur ein einziges Mal hier sein werden. Das ist Ihr Leben. Jetzt! Sorgen Sie dafür, dass Sie das Leben führen, das Ihnen zugedacht ist – das Leben, um dessen willen Sie geboren wurden. Schlagen Sie den Weg ein, der Sie zum Lied Ihres Herzens bringt und bewirken wird, dass ständig ein Lächeln auf Ihrem Gesicht liegt.

MISSING LINK 1

Sind Sie bereit, Ihr Leben zu erneuern?

MENTALTRAINING STUFE 1

Sie haben nun gelesen, dass es sieben Schritte gibt, die zu wirklichem und dauerhaftem Erfolg führen. Um jedoch mit ihnen zu arbeiten, müssen Sie zunächst die folgende Frage beantworten: Sind Sie wirklich so weit, Ihr Leben mit der Überzeugung zu leben, dass alles möglich ist?

Wir beginnen damit, dass wir Ihrem Geist beibringen, sich auf das Erfolgreichsein einzuschwingen. Das ist das große Geheimnis hinter *The Secret*.

Atmen Sie langsam ein, während ich Ihnen die folgende Frage stelle: Was würde geschehen, wenn Sie wüssten, dass es dort, wohin Sie unterwegs sind, viel besser ist als an dem Ort, wo Sie sich davor befanden? Was geschieht, wenn Sie wissen, dass Sie keinen Fehlschlag erleben können? Dass Sie im schlimmsten Fall lediglich mehr Erfahrungen sammeln und sich selbst besser kennenlernen und dass Sie in der Lage sind, flexibel und kreativ zu bleiben, bis Sie Ihre Ziele erreicht haben? Es ist wichtig, dass Sie einige Methoden und Werkzeuge zur Verfügung haben, um mit bestimmten Situationen in Ihrem Leben umgehen zu können. Das Ziel liegt letztendlich darin, dass Sie geistig, emotional und spirituell wachsen. Dadurch finden Sie mehr zu Ihrer

eigenen Kraft, können sich selbst immer mehr annehmen und entwickeln ganz nebenbei die Einstellung oder Haltung, die für Sie angemessen ist und die in vollem Umfang Ihre innere Kraft zum Ausdruck bringt.
Welche inspirierenden neuen Gedanken und Gefühle hätten Sie, wenn Sie unerschütterlich an das Ziel glaubten, zu dem Sie unterwegs sind?

Der erste Schritt besteht darin,
klar festzulegen, was Sie im Leben wollen.

Definieren Sie Ihr Leben anders

»Ich bin voller Hingabe und habe es verdient, das Leben zu erschaffen, das ich haben will; ich bin flexibel, wenn es darum geht, den für mich besten Weg zu finden, und ich bin dankbar für das, was ich bereits habe; ich bin geistig offen, ich vertraue auf das beste Resultat und glaube daran; ich liebe, was ich tue, und ich akzeptiere und achte mich zutiefst für die Person, die ich heute bin.«

Lesen Sie diese Zeilen sorgfältig und achten Sie darauf, was Sie dabei empfinden. Wenn es sich nicht richtig anfühlt, machen Sie sich eine Notiz und wiederholen Sie die Sätze so lange, bis es sich für Sie so anfühlt, als seien sie wahr. Solange das nicht der Fall ist, werden Sie sich weiter sabotieren. Schreiben Sie die Affirmation auf eine Karte und lesen Sie sie morgens noch vor dem Zähneputzen und abends vor dem Schlafengehen. Wenden Sie diese Methode neben der *Secret*-Technik an (siehe in der Einleitung den Abschnitt »Die *Secret*-Technik«). Die Affirmation muss sich für Sie richtig und wahr anfühlen, damit Sie das

Gewünschte anziehen und für sich erschaffen können. Um die Wirksamkeit zu erhöhen, visualisieren Sie gleichzeitig, wie Ihr Leben Ihrem Wunsch entsprechend aussehen und sich anfühlen soll. Nehmen Sie wahr, was für ein wunderbares Gefühl das ist. Wiederholen Sie den Satz. Wenn Sie sich auf das Angestrebte ausrichten und positive Gedanken ins Universum schicken, schaffen Sie Raum für neue Gewohnheiten.

Fallbeispiel

Jan war ein erfolgreicher Geschäftsmann, seines Zeichens Multimillionär, kerngesund, glücklich verheiratet, Vater von drei gut geratenen Kindern und so weiter. Mit seinen 45 Jahren sah er aus wie ein junger Gott – er war der Inbegriff von Erfolg. Es gab da jedoch eine Schattenseite, von der niemand etwas wusste. Jan wurde nämlich von einer Frau erpresst, mit der er eine Affäre gehabt hatte. Sie wollte eine Menge Geld von ihm, wenn sie den Mund halten sollte. Ich lernte Jan in einem Flieger nach Atlanta kennen. Er kannte mich vom Fernsehen und bat mich nach einem Smalltalk um Rat. Er war gerade dabei, seine Firma zu verkaufen, um die Forderungen dieser Frau zu erfüllen. Ich riet ihm, seiner Frau gegenüber reinen Tisch zu machen, und brachte ihm die *Secret*-Technik bei. Der Spruch, den ich ihm zu sagen auftrug, hieß: »Ich bin voller Hingabe und habe es verdient, mir das Leben zu erschaffen, das ich haben will; ich bin flexibel, wenn es darum geht, den für mich besten Weg zu finden, und ich bin dankbar für das, was ich bereits habe; ich bin geistig offen, ich vertraue auf das beste Resultat und glaube daran; ich liebe, was ich tue, und ich akzeptiere und achte mich zutiefst für die Person, die ich heute bin.«

Außerdem sollte er visualisieren, dass seine Frau Verständnis für sein Handeln haben würde und dass sie dennoch bei ihm bleiben wollte. Er sollte sich den Forderungen der Erpresserin nicht beugen.
Einen Monat später rief mich Jan an: Nachdem er drei Wochen lang mit der *Secret*-Technik gearbeitet hatte, hatte er endlich den Mut aufgebracht, seiner Frau die Sache zu beichten. Zu seinem Erstaunen wusste sie bereits Bescheid; sie dachte, die Affäre sei seine Rache gewesen, weil sie ihm ihrerseits untreu gewesen war. Deshalb hatte sie nie etwas gesagt. Sie war froh, dass sie das Ganze jetzt hinter sich lassen konnten.
Zufall? Sie wissen so gut wie ich, dass *The Secret* auf mysteriösen Wegen wirkt …

Die folgende Affirmation eignet sich gut, um sie jeden Morgen kurz nach dem Aufwachen einzusetzen. Notieren Sie sie auf einem Kärtchen und positionieren Sie es neben Ihrem Bett oder heften Sie es an den Badezimmerspiegel, wo Sie es bei jedem Zähneputzen oder jeder Toilettenbenutzung sehen. Natürlich können Sie dieses Gebet auch parallel zur *Secret*-Technik anwenden:

> *Morgengebet*
> *»Heute wird dein Wille geschehen! Heute ist ein perfekter Tag; ich bin dankbar für diesen perfekten Tag – ein Wunder nach dem anderen geschieht, und die Wunder hören nie auf …«*

Fallbeispiel
Maria war eine wunderschöne Frau. Sie war 36 Jahre alt, seit Kurzem geschieden und mit der Herausforderung konfrontiert, dass sie kein Geld hatte. Ihr Exmann hatte ihre gesamten Ersparnisse verzockt. Sie konnte die Miete nicht mehr aufbringen, und einen Job hatte sie ebenfalls nicht. Ich lernte sie bei einem meiner Vorträge kennen, wo sie auf mich zukam und mir ihre Situation erklärte. Ich überreichte ihr daraufhin die CD *The Missing Link,* erklärte ihr die *Secret*-Technik und das *Morgengebet* und sagte: »Es ist nicht viel, aber wenn Sie das wirklich durchhalten, wird sich Ihr Leben verändern.«
Zwei Monate später schickte Maria mir eine E-Mail. Sie hatte die *Secret*-Technik zusammen mit dem *Morgengebet* rund 30-mal am Tag praktiziert. Und eine Woche später kam ein Anruf ihres Anwalts, dass ihr Mann an der Schweizer Grenze mit mehr als einer Million Euro im Wagen verhaftet worden war. Wie sich herausstellte, hatte er die Ersparnisse der beiden gar nicht beim Spiel verloren, sondern das Geld abgehoben, um es nicht mit ihr teilen zu müssen. Das Gericht verurteilte ihn, 600.000 Euro an Maria zurückzuzahlen.
Reiner Zufall? Sie wissen ebenso gut wie ich, auf welch mysteriöse Weise *The Secret* wirkt …

Ich empfehle Ihnen das folgende Gebet, wenn Ihre Freunde oder andere liebe Menschen gerade eine heftige Zeit durchleben. Ich wende mich im Folgenden an »die göttliche Kraft in uns« statt an »Gott«; es ist neutraler und birgt weniger negative Assoziationen. Das »Göttliche in uns« (englisch: »Divine One Within«) meint unser göttliches Selbst oder der göttliche Funke in uns, oder auch unser Höheres Selbst oder Höheres Bewusstsein.

Gebet für Freunde
»Liebe göttliche Kraft in mir selbst, segne meine Freunde mit dem, was für sie am besten ist und was sie heute brauchen. Du weißt, was am besten ist. Mögen sie von Frieden, Wohlstand und Kraft erfüllt sein! Möge diese Kraft sie bei ihrem Streben nach einem besseren Verständnis und einer besseren Verbindung mit ihrem Höheren Selbst unterstützen. Amen.«

Tipps, um Ihre Gedanken in die richtige Richtung zu lenken, wenn etwas nicht so läuft, wie Sie wollen:

»Obwohl ich meine Wünsche nicht manifestiert habe und jetzt nicht glücklich bin, entscheide ich mich, meine Wünsche zu manifestieren und mir die Erlaubnis zu geben, alle Fülle zu akzeptieren und wertzuschätzen, die das Universum mir gibt.«

Sprechen Sie diese kraftvolle Affirmation, sooft Sie Rückschläge erfahren, sobald etwas nicht so läuft, wie Sie wollen, oder wenn Sie frustriert sind und ungeduldig werden. Wiederholen Sie den Satz so lange, bis Sie sich wieder gut fühlen, dann sind Sie erneut an das Universum angeschlossen. Später wird Ihnen klar werden, dass es nicht unbedingt immer etwas Schlechtes ist, wenn Sie nicht sofort bekommen, was Sie wollen.
Setzen Sie begleitend die *Secret*-Technik ein: Zeigen Sie mit Ih-

rem rechten Zeigefinger auf Ihr Herz und legen Sie Ihre linke Hand auf Ihre Stirn. Tun Sie jedes Mal, nachdem Sie den Spruch gesagt haben, drei tiefe Atemzüge und wiederholen Sie das Ganze mindestens siebenmal.
Wenn Sie auf eine bestimmte Situation aus Schwäche heraus reagiert haben und nicht in Verbindung mit Ihrer authentischen Kraft waren, ist es wichtig, dass Sie sich Folgendes sagen, damit Sie wieder zu sich finden und aufhören, sich selbst abzulehnen:

> *»Auch wenn ich nicht aus meiner authentischen Kraft heraus reagiert habe, ehre und respektiere ich meine verständlichen Emotionen und Reaktionen. Ich habe das Beste getan, was ich zu diesem Zeitpunkt tun konnte, und werde weiterhin darauf aus sein, mich zu verbessern und aus meiner authentischen Kraft heraus zu reagieren.«*

Setzen Sie begleitend die *Secret*-Technik ein, indem Sie mit Ihrem rechten Zeigefinger auf Ihr Herz zeigen und Ihre linke Hand auf Ihre Stirn legen. Sooft Sie Ihren Spruch sagen, atmen Sie danach dreimal tief durch und wiederholen Sie die Affirmation mindestens siebenmal.
Dann visualisieren Sie, wie Sie nächstes Mal reagieren wollen. Sehen Sie es vor sich und erfahren Sie es umfassend. Das trainiert Ihren Geist darin, angemessen zu reagieren und nicht mehr von Ihrem alten, verwundeten Ich ausgehend. Es ist wichtig, das immer wieder zu tun.

Bevor wir wirklich den Geist trainieren können, müssen wir verstehen, was wahrer Erfolg ist.

Die Lyrikerin Bessie Anderson Stanley gab uns in einem 1904 von ihr verfassten Gedicht folgende Definition von Erfolg (oft wird es fälschlicherweise Ralph Waldo Emerson zugeschrieben):

Erfolg hat der erreicht, der gut gelebt, oft gelacht und viel geliebt hat;
der das Vertrauen von Frauen reinen Sinns genossen hat,
den Respekt intelligenter Männer und die Liebe kleiner Kinder;
der seine Nische ausgefüllt und sein Werk verrichtet hat;
dem es nie an Wertschätzung für die Schönheit der Erde gemangelt und wer es nie versäumt hat, diese zum Ausdruck zu bringen;
wer die Welt in einem besseren Zustand hinterlassen hat,
als er sie vorfand, ob mit einer verbesserten Art von Mohn,
einem perfekten Gedicht oder einer befreiten Seele;
wer immer nach dem Besten in anderen Ausschau gehalten und ihnen das Beste gegeben hat, was ihm zur Verfügung stand;
wessen Leben eine Quelle der Inspiration war;
wessen Andenken einer Segnung gleichkommt.

Schreiben Sie in Ihr *Secret*-Tagebuch, was Erfolg für Sie bedeutet. (Siehe den Abschnitt »Ihr *Secret*-Tagebuch« im Kapitel »Die sieben Schritte zum Erfolg«.) Notieren Sie sich nur das, was auf Sie zutrifft. Wie würde Ihr Leben aussehen, wenn Sie durchgängig erfolgreich wären?

Hier liste ich noch einige weitere Möglichkeiten auf, das Leben aus einem anderen Blickwinkel zu betrachten.

Arbeit

> *»Meine Arbeit ist mein Hobby und schenkt mir Vergnügen und Energie. Ich habe einen tollen Job (Sie identifizieren sich mit Ihrer Firma) und leiste Vorzügliches. Damit erweise ich anderen einen wundervollen Dienst, für den ich fantastisch bezahlt werde. Ich verdiene ... Euro im Jahr, und zwar mit Würde, Vergnügen und Leichtigkeit. Ich liebe meine Tätigkeit.«*

Schreiben Sie in Ihr *Secret*-Tagebuch genau, wie Sie Ihre Arbeit erleben wollen. Lesen Sie sich Ihre Notizen jeden Tag durch und wenden Sie dabei die *Secret*-Technik an (zeigen Sie mit Ihrem rechtem Zeigefinger auf Ihr Herz, legen Sie Ihre linke Hand auf Ihre Stirn und atmen Sie nach jedem Satz dreimal tief ein und aus) und wiederholen Sie das Ganze mindestens siebenmal.
Wie wäre es, wenn Sie Ihre Arbeit so erleben würden? Wer ist daran schuld, dass Sie sie nicht schon jetzt so erfahren? Sie können es Ihrer Arbeit zuschreiben – oder Sie können *Ihre Einstellung ändern.* Durch Änderung Ihrer Einstellung werden Sie Arbeit anziehen, die Ihnen das gibt, was Sie sich wünschen.

Geld

Das ist für die meisten von uns ein weiterer wichtiger Punkt. Wie sehen Sie Geld? Hier ist meine Definition von Geld und dem Reichtum, den ich manifestieren will:

»Ich liebe Geld und das Geld liebt mich. Ich ziehe problemlos Geld und materielle Fülle an. Ich bin ein kraftvoller Magnet für Geld und materielle Fülle. Das Geld sucht gerne meine Gesellschaft, und mein Bankkonto wächst weiter, während ich arbeite und auch wenn ich nicht arbeite.«

Die Affirmation muss für Sie zu einer Wahrheit werden, wenn Sie materiellen Wohlstand manifestieren wollen. Ich kann Ihnen aus eigener Erfahrung bestätigen, dass es möglich ist. Besonders wichtig ist dabei, dass Sie daran glauben. Es mag nötig sein, es eine Zeit lang zu wiederholen – und zwar so lange, bis sich etwas für Sie ändert. Das ist sogar noch wichtiger, wenn Sie Probleme mit Geld haben. Geld stellt für die meisten eine Herausforderung dar, da wir so erzogen wurden, viel Negatives mit Geld in Verbindung zu bringen.

Mantras

Sie können sich in stressigen Zeiten selbst beruhigen, indem Sie kurze Sätze vor sich hin sprechen, fast wie ein Gebet, das Sie unentwegt wiederholen. Das hilft, negative Gedanken wegzuschieben. Ich nenne diese Sätze »Mantras«, obwohl es eigentlich nicht ganz korrekt ist; aber mir gefällt der Begriff dennoch. Wiederholen Sie diese Sprüche so lange, bis Sie sich wieder beruhigt haben.

Bei innerem Aufruhr, Streit, Wut oder Ärger:
Ich bin in Frieden.

Bei Wut, Ärger und Enttäuschung:
Ich bin Liebe.

In depressiver oder melancholischer Stimmung:
Ich bin selig vor Glück.

Wenn Sie sich klein fühlen:
Ich bin das Universum.

Oder: *Ich bin göttlich.*

Wenn etwas nicht so läuft, wie Sie wollen:
Ich bin der Schöpfer.

Bei unterkühlter Distanz zwischen Ihnen und jemand anderem:
Ich bin eins.

Machen Sie sich gleich morgens über den folgenden Satz Gedanken:

> **Was werde ich heute anders machen als gestern, sodass morgen besser sein wird als heute?**

Vergewissern Sie sich, bevor Sie mit Kapitel 2 fortfahren, dass Sie Folgendes getan haben:

1. Führen Sie ein *Secret*-Tagebuch. (Laden Sie das Arbeitsbuch von der Website herunter; es ist gratis.)

2. Notieren Sie sich wichtige Punkte auf Kärtchen und tragen Sie sie immer bei sich. Nehmen Sie unter anderem folgende Anliegen mit auf:

- Neudefinition Ihres Lebens: *»Ich bin voller Hingabe und habe es verdient, das Leben zu erschaffen, das ich haben will; ich bin flexibel, wenn es darum geht, den für mich besten Weg zu finden, und ich bin dankbar für das, was ich bereits habe; ich bin geistig offen, ich vertraue auf das beste Resultat und glaube daran; ich liebe, was ich tue, und ich akzeptiere und achte mich zutiefst für die Person, die ich heute bin.«*
- Morgengebet: *»Heute wird dein Wille geschehen! Heute ist ein perfekter Tag; ich bin dankbar für diesen perfekten Tag – ein Wunder nach dem anderen geschieht, und die Wunder hören nie auf …«*
- Gebet für Freunde: *»Liebe göttliche Kraft in mir selbst, segne meine Freunde mit dem, was für sie am besten ist und was sie heute brauchen. Du weißt, was am besten ist. Mögen sie von Frieden, Wohlstand und Kraft erfüllt sein! Möge diese Kraft sie bei ihrem Streben nach einem besseren Verständnis und einer besseren Verbindung zu ihrem Höheren Selbst unterstützen. Amen.«*
- *»Obwohl ich meine Wünsche nicht manifestiert habe und jetzt nicht glücklich bin, entscheide ich mich, meine Wünsche zu manifestieren und mir die Erlaubnis zu geben, alle Fülle zu akzeptieren und wertzuschätzen, die das Universum mir gibt.«*
- *»Auch wenn ich nicht aus meiner authentischen Kraft he-*

raus reagiert habe, ehre und respektiere ich meine verständlichen Emotionen und Reaktionen. Ich habe das Beste getan, was ich zu diesem Zeitpunkt tun konnte, und werde weiterhin darauf aus sein, mich zu verbessern und aus meiner authentischen Kraft heraus zu reagieren.«

- *»Meine Arbeit ist mein Hobby und schenkt mir Vergnügen und Energie. Ich habe einen tollen Job und leiste Vorzügliches. Damit erweise ich anderen einen wundervollen Dienst, für den ich fantastisch bezahlt werde. Ich verdiene ... Euro im Jahr, und zwar mit Würde, Vergnügen und Leichtigkeit. Ich liebe meine Tätigkeit.«*
- *»Ich liebe Geld und das Geld liebt mich. Ich ziehe problemlos Geld und materielle Fülle an. Ich bin ein kraftvoller Magnet für Geld und materielle Fülle. Das Geld sucht gerne meine Gesellschaft, und mein Bankkonto wächst weiter, während ich arbeite und auch wenn ich nicht arbeite.«*
- Mantras:
  Bei innerem Aufruhr, Streit, Wut oder Ärger: *Ich bin in Frieden.*
  Bei Wut, Ärger und Enttäuschung: *Ich bin Liebe.* In depressiver oder melancholischer Stimmung: *Ich bin selig vor Glück.* Wenn Sie sich klein fühlen: *Ich bin das Universum;* oder: *Ich bin göttlich.* Wenn etwas nicht so läuft, wie Sie wollen: *Ich bin der Schöpfer.* Bei unterkühlter Distanz zwischen Ihnen und jemand anderem: *Ich bin eins.*

Fahren Sie erst dann mit Kapitel 2 fort, wenn Sie sich all das aufgeschrieben haben.

MISSING LINK 2

Kühne Träume: Das Kleingedruckte im Vertrag

MENTALTRAINING STUFE 2

Es erspart Ihnen viel Frustration und erleichtert es, mit dem umzugehen, was Ihnen auf Ihrem Weg zum Ziel tatsächlich widerfährt, wenn Sie verstehen, wie es funktioniert, den Geist zu trainieren. Das ist vor allem dann wichtig, wenn es um Dinge geht, die das übersteigen, was zu verwirklichen Sie sich zutrauen. Wenn wir etwas bestellen oder uns wünschen, das weit über das hinausgeht, womit wir uns sonst wohlfühlen, müssen wir darauf achten, dass wir keine »Doppelbotschaft« aussenden, die unsere Bestellung beim Universum blockiert. Eine Doppelbotschaft liegt dann vor, wenn Sie sich einerseits etwas wünschen, andererseits aber Zweifel haben, ob Sie das wirklich haben oder manifestieren können. Sie werden jetzt lernen, sich freie Bahn zu schaffen, um kühne Träume zu wagen, und sich nicht mehr von Ihren eigenen einschränkenden Glaubenssätzen blockieren zu lassen.

Im Winter 1971 litt ich unter schrecklichen Depressionen. Damals war ich 18 Jahre alt und wusste noch nicht, dass mich eine »Winterdepression« (Depression, die durch einen Mangel an Sonnenlicht ausgelöst wird) erwischt hatte. Den vorherigen

Winter hatte ich größtenteils in der Karibik verbracht, da mir mein Vater ein Ticket geschickt hatte, damit ich über die Feiertage nach Hause kommen konnte; von daher hatte ich nicht unter der Depression gelitten. Während ich im nächsten Jahr im Bett lag und mich wochenlang elend fühlte und untröstlich war, hörte ich im Radio zufällig »Samba Pa Ti«, einen Song von Santana. Das Stück berührte mich zutiefst und bewirkte etwas in mir. Am nächsten Tag wagte ich mich zum ersten Mal nach zwei Wochen aus dem Bett und ging zum Plattenladen, um mir die Schallplatte zu kaufen. Ich ließ sie immer wieder laufen, und sie half mir, meine Depression zu überwinden. Ich empfand gegenüber den Urhebern dieses Songs immense Dankbarkeit und hätte mir gewünscht, die Gelegenheit zu haben, mich bei Carlos Santana zu bedanken.
2005 ergab es sich, dass ich bei Carlos Santana zu Hause war, nachdem es sich herausgestellt hatte, dass die beste Freundin seiner Frau eine Ärztin namens Ellen war: Ich hatte gemeinsam mit ihr an einem Projekt gearbeitet und wir hatten uns angefreundet. Ellen bat mich um Hilfe, da eine Freundin unter einer Schreibblockade litt und es nicht schaffte, ihr Buch zu Ende zu schreiben. Und so bekam ich dann doch noch die Chance, mich persönlich bei Carlos zu bedanken, dass er diesen Song geschrieben hatte. Man könnte meinen, 34 Jahre seien schon eine lange Zeit, aber in diesem Fall spielte das keine Rolle. Ich bin dem Universum dankbar, dass es mir diese Gelegenheit gab: Besser spät als nie!

Eine weitere glückliche Fügung wollte, dass ich Rutger Hauer persönlich kennenlernen konnte, und zwar sieben Jahre nachdem ich ihn in dem Film »Blinde Wut« gesehen hatte. Der Film hatte damals für mich eine besondere Bedeutung und berührte mich so sehr, dass ich Rutger für seine großartige schauspielerische Leistung gratulieren wollte. Und prompt ergab sich diese Begegnung genau zur richtigen Zeit.

Das Universum verfolgt jeden unserer Schritte, nur können wir mit dem, was wir uns wünschen, nicht immer umgehen. Außerdem wäre der Absicht unserer Seele womöglich gerade mit dem, was wir wollen, gar nicht gedient. In manchen Fällen wird das, was wir herbeigezogen haben, zu einer großen Lektion für uns; es hält uns den Spiegel vor, wie das folgende Beispiel belegt:

Eines Tages schickte ich eine Botschaft ins Universum, dass ich mit meiner Arbeit mühelos viel Geld verdienen wollte. Ich verknüpfte das auch mit einer bestimmten Summe: 1 Million Euro im Jahr. Ich visualisierte, wie dieser Betrag mühelos auf mein Bankkonto fließen würde.
Drei Monate später erhielt ich einen Anruf von der zweitgrößten Versicherung Italiens. Man stand vor einer riesigen Herausforderung: Im ersten Ausbildungsjahr sprangen dort standardmäßig rund 60 Prozent der Vertreter wieder ab. Das Unternehmen bat mich, die Schulung seiner Außendienstler zu übernehmen, um so etliche Millionen für die ständigen Schulungen und Nachwuchsrekrutierungen einsparen zu können. Mir war genau klar, wo das Problem lag, und ich wusste auch, dass das Ganze ein Vollzeitjob für mich sein würde und dass ich die Aufgabe ferner nicht alleine bewerkstelligen könnte. Die Versicherung bot mir 1 Million Euro Jahreshonorar, wenn es

mir gelingen würde, ihre Verluste auf dem Gebiet zu halbieren. Ich war mir sicher, dass ich das hinbekommen würde, aber ich wusste auch, dass dieser Weg nichts für mich war, und so sagte ich höflich ab. Meine Lektion bestand darin, zu erkennen, dass Geld gar nicht das Thema war. Sollte ich es wirklich wollen oder brauchen, würde es sich schon bei mir einfinden. Durch Versuch und Irrtum wurde mir klar: Wenn wir etwas bestellen oder wollen, müssen wir auch das Kleingedruckte ganz unten auf unserem »Vertrag mit dem Universum« lesen, also die »Allgemeine Erklärung, was Sie anziehen wollen«.

> ***Allgemeine Erklärung, was Sie anziehen wollen (das Kleingedruckte im Vertrag)***
>
> *»Dies oder etwas noch Besseres wird sich nun mühelos, mit Würde und Anmut, Freude und Leichtigkeit zur rechten Zeit und auf die richtige Weise bei mir einstellen, ohne irgendjemandem in irgendeiner Weise Schaden zuzufügen, und es dient meinem höchsten Wohl, meinem Wachstum und der Welt. Ich lerne meine Lektionen spielerisch und mit Freude.«*

Das müssen Sie unbedingt wissen, und es sollte von jetzt an Bestandteil jedes Wunsches sein, den Sie ins Universum senden.

Ihre Erklärung, was Sie anziehen wollen

1. Leichtigkeit und Mühelosigkeit stellen einen wichtigen Faktor dar. Eine mühelos verdiente Million hat genauso viel Wert wie eine Million, die mit Blut, Schweiß und Tränen erarbeitet wird. Sie mühelos zu verdienen ist

besser, als dabei unter Stress zu stehen und sich Magengeschwüre und Bluthochdruck zu holen. Sehen Sie bei Ihrer Visualisierung den leichten Weg zu Ihrem Ziel vor sich. Es ist wichtig, dass Sie mühelos, locker und entspannt mit den Herausforderungen umgehen, die Ihnen begegnen; das heißt, dass Sie gut mit Rückschlägen fertig werden und Meister im Loslassen sind. Sie kleben nicht an Ihrer Vergangenheit und beginnen jeden neuen Tag mit einem frohgemuten Herzen.

2. Lockerheit, Anmut und Vergnügen. Ohne Vergnügen ist das Leben schon eine ernste Sache. Schwere und Strenge sind Zeichen dafür, dass wir das Leben gar zu ernst nehmen. Das wiederum belastet den Körper, was dann dazu führt, dass wir frühzeitig abbauen und uns Krankheiten zuziehen. Allzu große Ernsthaftigkeit und Dogmatismus sind zwei nachteilige Stressfaktoren, die langsam, aber sicher an uns nagen. Bewahren Sie sich eine Sicht des Lebens, die besagt, dass das Ganze ein Spiel ist, das es mit Lockerheit, Gelassenheit, Leichtigkeit und Vergnügen zu lernen gilt. Werden Sie wieder zum Kind und lassen Sie Ihre Fantasie spielen. So ist es am wahrscheinlichsten, dass Sie sich das Leben erschaffen, das Sie haben wollen.
3. Der perfekte Moment und die perfekte Weise. Der perfekte Moment bezieht sich auf den Augenblick, in dem sich etwas bei Ihnen einfindet. Sie müssen darauf vertrauen – so ungeduldig Sie auch sein mögen –, dass das Universum perfekt plant und den bestmöglichen Weg sucht, um Ihre Wünsche Gestalt annehmen zu lassen.

Sie müssen nur vorbereitet sein und offen dafür, zu empfangen.

4. Ökologisch gut für die Welt und gut für mein höchstes Wohl. Ihre Wünsche dürfen nicht auf Kosten der Intention für Ihr Leben auf diesem Planeten oder zulasten der Erde oder zuungunsten anderer in Erfüllung gehen. Wir müssen Geduld haben, damit das Universum uns das, was unserem Wohl dient, zur rechten Zeit und auf die richtige Weise bringt.
5. Lektionen lernen. Nun, da wir das auf allen Ebenen verstehen, können wir uns entspannen und uns wünschen, was immer wir wollen. Wir brauchen uns keine Sorgen zu machen, dass irgendetwas für uns »nicht das Richtige ist«, denn wenn wir uns mit dem Kleingedruckten einverstanden erklären, wird so etwas nie wieder geschehen. Das soll nicht heißen, dass wir darum herumkommen, unsere Lektionen zu lernen, aber da wir ja darum gebeten haben, dass alles mit Leichtigkeit abläuft, kann das Lernen auf unserem Weg spielerisch erfolgen.

Schreiben Sie die »Allgemeine Erklärung, was Sie anziehen wollen« ab und lesen Sie sie in den nächsten vier Wochen mindestens einmal am Tag, sodass Ihr Unterbewusstsein sie vollkommen aufnehmen kann. Es ist wichtig, Ihre größten Träume zu visualisieren, genau die, die weit jenseits Ihres gewöhnlichen Radius angesiedelt sind. Auf diese Weise kann sich Ihr Unterbewusstsein entspannen und Sie sind offener.

Zuerst sagen Sie, was Sie wollen, gefolgt von der »Allgemeinen Erklärung«: »Dies oder etwas noch Besseres wird sich nun mühelos, mit Würde und Anmut, Freude und Leichtigkeit zur rechten Zeit und auf die richtige Weise bei mir einstellen, ohne irgendjemandem in irgendeiner Weise Schaden zuzufügen, und es dient meinem höchsten Wohl, meinem Wachstum und der Welt. Ich lerne meine Lektionen spielerisch und mit Freude.«

Genau diesen Teil bat ich Roxane mit in ihre Visualisierungen hineinzunehmen, vor allem bei Wünschen, deren Verwirklichung sie für unmöglich hielt. Sie sagte mir: »Ich habe noch keine größeren Sachen visualisiert (ein Haus am Strand und eines an einem See, Talkshow und fünf Autos), da etwas in mir immer noch glaubt, das sei für mich unerreichbar. Also vermeide ich es, damit ich nicht enttäuscht werde.«
Zukünftig sollte Roxane also beim Visualisieren ganz im Fluss sein, ohne sich selbst zu hemmen. Sie hält sämtliche Wünsche auf einer Collage fest (ihrer »Visionstafel«) und schreibt unter die Collage: »Dies oder etwas noch Besseres wird sich nun mühelos, mit Würde und Anmut, Freude und Leichtigkeit zur rechten Zeit und auf die richtige Weise bei mir einstellen, ohne irgendjemandem in irgendeiner Weise Schaden zuzufügen, und es dient meinem höchsten Wohl, meinem Wachstum und der Welt. Ich lerne meine Lektionen spielerisch und mit Freude.«
Damit wird sichergestellt, dass das Universum nicht mehr durch unsere negativen Glaubenssätze oder durch Doppelbotschaften ausgebremst wird. Das ist gerade dann wichtig, wenn wir etwas wollen, das größer ist als das, wovon wir im Moment glauben, wir könnten damit umgehen. Indem wir das Ersehnte jeden Tag visualisieren und komplett in unser Unterbewusstsein absorbieren, zum Beispiel durch Kreieren einer wunderschönen Collage,

bereiten wir uns darauf vor; wir erleben die Gefühle, die damit zusammenhängen, bis diese Bilder und Gefühle für uns etwas ganz Natürliches sind und zu der Person passen, die wir sind. Dann sind wir bereit für das Gewünschte. Ich weiß mit Sicherheit, dass Roxane, wenn sie damit weitermacht, erleben wird, wie sich ihre Wünsche auf eine Weise einstellen, die sie sich nicht vorstellen kann.

Emotionale Fitness: Mühelosigkeit durch Training Ihres Unterbewusstseins

Mentaltraining Stufe 3

Als Arzt interessiert es mich, wie ich Menschen bis zu ihrem letzten Tag auf der Erde gesund und vital halten kann. Es ist von Interesse, zu wissen, inwiefern unser Umgang mit Emotionen über unsere Lebensenergie entscheidet. Berücksichtigen wir unsere Emotionen nicht, dann zehren sie auf der unterbewussten Ebene an uns. Wenn Sie zum Beispiel nicht zur Arbeit wollen, verlieren Sie wertvolle Lebensenergie. Die Folge ist, dass Ihr Immunsystem nicht so gut funktioniert und Sie in den Wintermonaten leichter krank werden. Sie liegen dann zu Hause im Bett und fühlen sich elend, und Ihr Unterbewusstsein jubelt, dass Sie nicht zur Arbeit müssen. Viele Menschen gehen widerstrebend zur Arbeit, und das ist der primäre Grund dafür, dass die meisten Herzinfarkte montagmorgens geschehen. Der allererste Gedanke an einem Montagmorgen wird dann zur Belastungsprobe für das Herz, das schon so lange unter Druck steht, dass es den zusätzlichen plötzlichen Schlag nicht mehr verkraftet. In der Regel passiert das, wenn ein zusätzlicher Stressfaktor hinzukommt.

Sagen wir einmal, Sie fühlen sich durch Ihre Arbeit nicht gerade gefordert; stattdessen ödet sie Sie an, und abgesehen davon ärgern Sie sich über Ihre Kollegen. Die meisten liegen Ihnen nicht und Sie passen einfach nicht in diese Gruppe hinein. Zu allem Überfluss gibt es ständig Rangeleien mit dem Geschäftsführer – ganz zu schweigen von den beiden pubertierenden Jugendlichen bei Ihnen zu Hause sowie Ihrem Partner oder Ihrer Partnerin, von denen Sie keine Hilfe zu erwarten haben und die eine eingeschworene Gemeinschaft bilden. Da kann man sich schon vorstellen, dass Ihr Leben nicht einfach sein wird. Jeder dieser Faktoren kann Sie so sehr belasten, dass Sie Lebensenergie verlieren – erst recht, wenn sie über lange Zeit fortbestehen.

Ich habe an der Erstellung einer »Skala der Emotionalen Fitness« mitgewirkt, die Ihnen zeigt, was bei Ihnen gerade abläuft und an welchen Punkten Sie Lebensenergie verlieren, wenn Sie sich nicht mit Ihren Emotionen auseinandersetzen. Alles hängt mit dem Gesetz der Anziehung zusammen: Warum geht so oft etwas schief und warum ziehen Sie immer wieder Menschen an wie einen mürrischen Chef oder eine bessere Hälfte, die nicht mit Ihnen kommuniziert oder Ihnen das Gefühl gibt, das fünfte Rad am Wagen zu sein?

Skala der Emotionalen Fitness

Hochfrequenter Spitzenzustand: Ihr authentisches Selbst
Erfolg, Magnet für Liebe, Glück, Geld

10	Ekstase / Glückseligkeit / Bedingungsloses Glück und bedingungslose Liebe
7,5	Inspiration / Glaube an sich selbst / Begeisterung / Leidenschaft
5	Beharrlichkeit / Liebe / Freude / Verspieltheit / Akzeptanz
2,5	Dankbarkeit / Wertschätzung / Motivation / Geduld
0	Neutral / Wahrheit / Akzeptanz / Entspannung / Wertfreies Beobachten
–2,5	Ärger / Frustration / Wertung und Urteil / Unsicherheit / Selbstvorwürfe
–5	Kummer / Zynismus / Pessimismus / Sorgen
–7,5	Angst / Scham / Schuldgefühle / Geringes Selbstwertgefühl
–10	Deprimiertheit / Gleichgültigkeit / Selbstzerstörung

Magnet für Fehlschläge, Pech und Kummer
Niederfrequenter Zustand der Hilflosigkeit: Ihr falsches Ich

Betrachten wir uns zunächst die Nulllinie:

0 Neutral/Wahrheit/Akzeptanz/Entspannung/Wertfreies Beobachten

Was heißt das? Es heißt, dass wir uns emotional nicht in Dinge verstricken. Wir sehen alles, wie es ist; wir werten nicht; wir haben keine Meinung; es kommt, wie es kommt, und wir brauchen es nicht zu billigen oder zu missbilligen.

Erstes Beispiel: Sie sind Mutter und bekommen mit, wie Ihr Vierjähriger mit seinem Essen herumspielt. Sie sehen es sich an, und es ist einfach, wie es ist. Sie verstehen, dass Kinder das eben tun, und beobachten nur, was er tut.

Zweites Beispiel: Ihr 15-jähriger Sohn kommt von der Schule nach Hause, wirft seine Jacke auf den Boden und verzieht sich sofort an seinen Computer, um dort irgendwelche Spiele zu spielen. Sie sehen es sich an, sehen es eben und mehr nicht. Sie beobachten es nur.

Drittes Beispiel: Sie und eine Freundin treffen sich zum Kaffee, und sie erzählt Ihnen unter Tränen von ihrer Beziehung, die in die Brüche gegangen ist – die dritte in diesem Jahr. Sie macht immer wieder die gleichen Fehler und glaubt noch immer an das Märchen vom Ritter in der glänzenden Rüstung. Sie hören sich das alles an und akzeptieren, dass sie eben so ist, wie sie ist, und dass es nichts bringt, ihr einen Rat zu geben, denn sie wird ihn ohnehin nicht umsetzen.

Bei allen erwähnten Beispielen hätten sie emotional reagieren können: Sie hätten sich etwa aufregen oder gereizt sein können, wenn Ihr Kind mit Essen spielt, wenn Ihr Sohn nicht aufräumt und exzessiv am Computer spielt, oder Sie hätten heftig mit Ihrer Freundin leiden können, weil sie eine schwere Zeit durchmacht. Doch indem Sie neutral bleiben, bleiben Sie bei sich selbst und verschwenden keine Energie an das Verhalten anderer. Sie beobachten es und nehmen es nicht persönlich, da es nicht persönlicher Natur ist. Auf diese Weise kostet es Sie keine Energie und Sie bleiben neutral.

Jetzt begeben wir uns in den Bereich unterhalb der Nulllinie:

–2,5 Ärger / Frustration / Wertung und Urteil / Unsicherheit / Selbstvorwürfe

Wenn wir Frustration zulassen, verlieren wir Energie, zum Beispiel am Arbeitsplatz. Das Gleiche gilt, wenn wir Widerstände gegen etwas haben, das wir dann trotzdem tun. Außerdem kostet es uns Energie, wenn wir auf jemanden wütend oder ärgerlich sind und uns nicht damit auseinandersetzen, sondern weiterhin werten und verurteilen, oder wenn wir uns selbst die Schuld geben oder wenn wir unsicher sind und das täglich zu kompensieren haben. Ob all das akut ist oder nicht – es wird uns unbewusst nachhängen. Ich setze diesen Zustand bei minus 2,5 an, was bedeutet, dass Sie auf der emotionalen Ebene schon etwas Energie verloren haben.

–5 Kummer / Zynismus / Pessimismus / Sorgen

Noch mehr Energie verlieren wir, wenn wir zynisch oder pessimistisch werden; wir verbreiten dann tagtäglich negative Energie in uns und um uns herum. Zynismus ist eine Form von negativem Denken: Mit unseren Bemerkungen teilen wir Seitenhiebe an andere aus und verschließen uns für neue Informationen. Gleichgültig, welche Fakten oder Erfahrungen sich uns präsentieren, wir glauben nicht, dass etwas Bestimmtes möglich ist, und lassen die Welt nicht an uns heran. Auch Kummer und Sorgen kosten Energie, und starke Emotionen können uns noch lange Zeit nachhängen.

–7,5 Angst / Scham / Schuldgefühle / Geringes Selbstwertgefühl

Noch eine Ebene tiefer stoßen wir auf Angst. Wir haben Angst davor, Ja zu unserer eigenen Macht und Kraft zu sagen, und das sorgt dafür, dass wir uns vor allem fürchten, was uns im Leben an unsere Grenzen bringt. Die meisten Ängste sind erlernt oder von anderen übernommen. Wir können Ängste und andere Emotionen sogar über unsere DNA ererben (was sich wissenschaftlich beweisen ließ!). Wir müssen lernen, unsere Ängste loszulassen.

Auf der gleichen Ebene ist auch Scham angesiedelt. Ich komme später noch einmal darauf zurück, da Scham, ebenso wie Schuldgefühle, das Gesetz der Anziehung komplett blockiert. Das ist eine Barrikade, von der wir uns schnellstmöglich lösen müssen.

Ein geringes Selbstwertgefühl ist ebenfalls ein erlerntes Verhalten. Verschiedene Formen von Selbsthilfe und einschlägige Bücher (z.B. mein Buch *Emotionale Balance*) können Ihnen helfen, dieses Hindernis zu überwinden und zu lernen, wie Sie Ihr Selbstwertgefühl stärken.

–10 Deprimiertheit / Gleichgültigkeit / Selbstzerstörung

Viele werden deprimiert, wenn sie im Leben keinen Ausweg und keine Chancen mehr sehen. Da sie nicht auf die entsprechenden Signale hören und nicht rechtzeitig handeln, rutschen sie allmählich immer tiefer in ein schwarzes Loch. Deprimiertheit ist das Gleiche wie Apathie: Ihnen ist einfach alles egal. Sie haben kein Interesse mehr daran, glücklich zu sein, Sie kümmern sich nicht mehr um Ihre zwischenmenschlichen Beziehungen oder Ihre eigene Gesundheit. Sie sind sich selbst gleichgültig und entwickeln oft selbstzerstörerische Neigungen, im Extremfall bis hin zu Suizidgedanken. Nun ist der Punkt erreicht, an dem Sie am heftigsten an Lebensenergie verlieren, und oft ist hier ein medizinisches Eingreifen nötig. Da der Prozess häufig schleichend abläuft, hat sich das Gehirn im Vorfeld an negatives Denken und an das elende Gefühl gewöhnt. Dementsprechend lang ist oft der Weg zurück.

Wenn Sie sich jeden Tag unterhalb der Nulllinie befinden, werden Sie nicht das anziehen, was Sie wirklich wollen; stattdessen werden Sie unweigerlich zum Magneten für mehr von dem, was Sie schon haben. Sie sind dann ein Magnet für Fehlschläge, Pech und Kummer. Oft finden Sie sich in der Opferrolle wieder; deshalb geschehen Ereignisse, die dafür sorgen, dass Sie in dieser Misere bleiben. Es handelt sich um eine niedrigere, »schwerere« Frequenz, die dem Zustand der Hilflosigkeit zuzuordnen ist: Ihrem falschen Ich. Sie fühlen sich hilflos, und das Universum kann Ihnen das nur bestätigen, da es dem entspricht, was Sie eben aussenden.

So war es auch bei Roxane, deren Geschichte hier folgt. Meine Ergänzungen sind *kursiv* gesetzt.

»Ich bin in Eindhoven (Niederlande) geboren und kam so

richtig schön langsam auf diese Welt. Die Geburt dauerte 32 Stunden, und als ich das Licht der Welt erblickte, war die Nabelschnur zweimal um den Hals gewickelt und ich hatte einen riesigen, spitz verformten Kopf.«

Roxane maß den Umständen ihrer Geburt die Bedeutung bei, dass sie auf diesem Planeten nicht willkommen sei. Sie wertete diese Geschichte negativ, statt sich zu sagen: »Ich habe großes Glück gehabt, dass sich mir trotz einiger Rückschläge solche Möglichkeiten geboten haben.«

»Ich war zwei Jahre alt, als meine Schwester geboren wurde und sich meine Eltern scheiden ließen. Beide hatten neue Partner, und ich sträubte mich gegen sie und mochte alle beide nicht. Ebenso wenig mochte ich meine Stiefschwester. Heute empfinde ich das allerdings anders. Meine Stiefschwester war überall sehr beliebt, aber sie konnte mich nicht ausstehen und schloss mich immer aus, vor allem beim Spielen. Ich hatte einen sehr dominanten und geselligen Stiefvater. Ein Bekannter meiner Mutter missbrauchte mich im Alter von 9 bis 15 Jahren: Er begrapschte mich immer, wenn meine Mutter nicht in der Nähe war. Ich erzählte meiner Mutter sofort davon, als es das erste Mal passierte, aber sie glaubte mir nicht. Ich denke, dieses Ereignis war der Beginn einer langen Pubertät voller Schwierigkeiten mit Männern und Sexualität. Ich suchte mir die falschen Jungs aus, mit denen ich zusammen war – Jungs, die körperlich und auf der geistigen Ebene übel mit mir umsprangen, aber ich verfuhr mit ihnen nicht anders.«

Wichtig ist hier: Solange Roxane mit ihren unangenehmen Erfahrungen nicht vollständig abgeschlossen hat, wird sie nie die Beziehung haben, die sie sich wirklich ersehnt. Sie kann es sich wünschen, aber da sie auf diesem Gebiet unter der Nulllinie ist, wird es nie dazu kommen. Deshalb ist es so wichtig, mit unserer Vergangenheit fertig zu werden und uns von ihr zu lösen, damit wir wirklich frei sind, wenn wir uns unsere Zukunft erschaffen.

Schuldgefühle und Scham sabotieren das Gesetz der Anziehung

Schuldgefühle haben Sie, wenn Sie glauben, etwas falsch gemacht zu haben. Scham ist ein sogar noch tiefer gehendes Gefühl: das Gefühl, mehr oder weniger unzureichend zu sein. Sie haben das Gefühl, was Sie getan haben, wird von anderen abgelehnt ...

Der Hauptgrund, warum ich dieses Buch geschrieben habe: Tausende von Menschen haben mich gefragt, warum das Gesetz der Anziehung bei ihnen nicht funktioniert oder sogar zum Eigentor wurde, als sie es anzuwenden versuchten. Meine Antwort lautet: Das Gesetz der Anziehung ist *immer wirksam!*

Nicht das Gesetz der Anziehung ist das Problem. Das Problem ist vielmehr, dass wir derart viel Widerstand und ein solches Maß an negativen Gefühlen hegen, dass unser eigentlicher Fokus viel mehr auf unserer Unwürdigkeit ruht und vor allem auch auf unserem Glauben, wir hätten es nicht verdient, etwas im Überfluss zu haben. Oder wir fragen uns generell, welcher Erfolg uns persönlich denn wohl beschieden sein soll. Hier liegen unsere Beschränkungen, unsere negativen Glaubenssätze. Sie sind stärker als Visualisierungs- und Fokussierungsübungen, bis wir sie mit den besonderen Techniken, die ich hier noch vermitteln werde, angehen und neutralisieren. Sollten Sie sich eingehender mit diesem Punkt befassen wollen, so empfehle ich Ihnen wärmstens mein Buch *Emotionale Balance*. Auf diese Weise erlernen Sie sehr effektive Techniken, um unweigerlich Durchbrüche in den Bereichen zu erzielen, in denen Sie auf der Stelle treten.

Heftige Schuldgefühle und Scham blockieren das Gesetz der Anziehung, da dieses auf Schwingungen basiert und nicht auf Worten. Schuldgefühle und Scham schwingen nicht auf der richtigen Wellenlänge.

Wenn Sie mit Schuldgefühlen kämpfen, weil Sie etwas gesagt oder getan haben, oder wenn Sie sich schämen, werden Sie automatisch das Gefühl haben, Sie hätten Erfolg oder Fülle in Ihrem Leben nicht verdient. Es spielt keine Rolle, was Sie sich selbst einreden oder welche Affirmationen Sie einsetzen: Alles wird blockiert, und zwar einfach deshalb, weil es noch Unerledigtes bei Ihnen gibt, mit dem Sie erst zurechtkommen müssen. Betrachten Sie sich Ihre persönliche »Skala der Emotionalen Fitness«: Hier wird deutlich, wie viel Lebensenergie Sie mit emotionalen Blockaden verlieren – und das ungeachtet dessen, was Menschen zu Ihnen sagen oder Ihnen anbieten. Diese Gefühle sind meist tief in uns begraben und oft einflussreicher als positives Denken, Visualisierungen oder Collagen. Schuld daran sind diese Beschränkungen (was wir in Wirklichkeit glauben), und am Ende werden sie den Sieg davontragen. Das Gesetz der Anziehung bringt Ihnen exakt das, worauf Sie ausgerichtet sind. In diesen Fällen erschaffen Sie von innen heraus die aktiveren Schwingungen des Schuldgefühls, der Scham oder des mangelnden Selbstwertgefühls.

Sollten Sie nicht das Gefühl haben, Gutes in Hülle und Fülle verdient zu haben, so haben Sie irgendeine Verbindung (subtiler oder gar nicht so subtiler Art) mit einem Verhalten, durch das Sie sich selbst sabotieren oder bestrafen.

Ich kenne niemanden, weder persönlich noch beruflich, der völlig frei wäre von Situationen, deretwegen er sich schuldig fühlt. Es gibt vier Kategorien von Schuldgefühlen:

1. Sie haben etwas Schlimmes, Verletzendes oder Unwahres gesagt, aufgrund dessen Sie sich schuldig fühlen, und das auch noch Jahrzehnte später.
2. Sie haben etwas Bestimmtes, das Sie richtigerweise in einer Situation hätten sagen oder tun sollen, *nicht* gesagt oder getan und verspüren deswegen Schuldgefühle und Reue, da Sie es als unverzeihliches Versäumnis erleben.
3. Sie sind in der Lage, Gefühle gegenüber einem Partner oder einer Partnerin ganz klar als Ärger oder Wut, Ablehnung oder Ungeduld zu identifizieren. Aber was noch wichtiger ist: Sie fühlen sich schuldig dafür, diese Gefühle zu haben. Sie lassen es nicht zu, sie zu empfinden oder zum Ausdruck zu bringen.
4. Sie haben Schuldgefühle, weil Sie sich gegen eine Autorität auflehnen und sich danach richten, was für Sie selbst gut ist. Obwohl Sie damals die für Sie richtige Entscheidung trafen, war die Autorität, etwa Ihr Partner oder Ihre Partnerin oder jemand aus der Familie, nicht einverstanden, und Sie fühlen sich schuldig. Es bedeutet auch, dass Sie sich noch immer dafür bestrafen.

Erstellen Sie eine Liste Ihrer eigenen Schuldgefühle, bevor Sie weiterlesen. Notieren Sie auch, wie wichtig diese Gefühle wohl in 10 Jahren noch sein werden. Verwenden Sie die folgenden Unterpunkte als Gedächtnisstütze:

- Als ich aus Selbstschutz die Wahrheit verschwieg
- Als ich schummelte und es nicht herauskam
- Als ich dabei ertappt wurde, etwas Negatives über meine Mutter zu sagen
- Als ich etwas an mich nahm, das mir nicht gehörte
- Als ich Nein zu meinem Chef/meiner Mutter/meiner Frau bzw. meinem Mann sagte
- Als ich meine(n) Partner(in) betrog
- Als ich gegenüber meinem Vater spöttisch reagierte
- Als ich über meine(n) Freund(in) tratschte
- ...

Ereignis	**Wichtigkeit in 10 Jahren?**

Wenn wir uns schuldig fühlen, weil wir etwas gesagt oder getan haben, neigen wir dazu, uns dafür auf Gebieten unseres Lebens zu bestrafen, die scheinbar gar nichts damit zu tun haben. Diejenigen, die meine Workshops besuchen, benennen Sabotage als einen ihrer bei Weitem größten Stolpersteine. Durch Einsatz spezieller Tests können wir Verbindungen ermitteln, wo anfänglich vielleicht keine zu sein scheinen.
Beispiele: Wir haben unter Umständen noch immer Schuldgefühle wegen etwas, das wir als Kind angestellt haben (etwa einen Apfel aus dem Lebensmittelladen gestohlen und dabei erwischt worden), und das hat nun Auswirkungen auf unsere Karriere und verhindert die ersehnte Beförderung. Oder wir haben bei einer Schulfete etwas getan, das uns dazu bringt, uns selbst zu sabotieren, wenn es darum geht, im späteren Leben Ersparnisse anzulegen.

Alte Schuldgefühle sind der wichtigste Grund, warum wir uns sabotieren. Es hat mit einem Teil unseres Unterbewusstseins zu tun, der nicht glauben kann, dass Sie Erfolg verdient haben, oder glaubt, es nicht wert zu sein, denn schließlich sind Sie ja schlecht und haben so schlimme Dinge getan.
Wegen Ihrer Schuldgefühle müssen Sie sich (angeblich) selbst bestrafen, damit Sie sich besser fühlen: Sie werden so lange kein gutes Gefühl haben, bis Sie die Strafe erhalten haben, von der Ihr Unterbewusstsein glaubt, Sie hätten sie verdient. So kommt es, dass selbst Menschen, die bestimmte Vergünstigungen erhalten, etwa Geld oder einen neuen Job, die Tendenz haben, sich selbst zu sabotieren. Sie haben das Gefühl, die Auszeichnung gar nicht verdient zu haben. Erst wenn Sie das Gefühl haben,

genug bestraft worden zu sein, können Sie sich entspannen und loslassen. Ihre Welt ist für Ihr Gefühl wieder im Gleichgewicht.

Ich kenne viele, die fest entschlossen in meine Workshops kommen und sagen: »Ich sabotiere immer wieder meinen Erfolg. Ich weiß nicht, was da nicht stimmt mit mir. Ich will ja Fülle, aber ich benutze das Gesetz der Anziehung so, dass ich mir dabei immer wieder selbst im Weg bin.«

Dieses Gefühl und diese Lebenserfahrung – »Ich sabotiere mich immer wieder selbst« – wird im NLP (Neurolinguistisches Programmieren) »Tischplatte« genannt. Es ist eine perfekte Analogie dafür, wie man Blockaden ausräumen kann:

Stellen Sie sich die Tischplatte als das breiter angelegte und globale Ganze vor: »Ich bin nicht erfolgreich«, oder: »Ich sabotiere mich immer wieder selbst.«

Worin bestehen die »Tischbeine« (das sind Ihre Glaubenssätze und Überzeugungen, bestimmte Ereignisse, Ihre Erfahrungen, Annahmen, »Komfortzonen« / Gewohnheiten), auf denen diese Tischplatte ruht?

Die Tischbeine manifestieren sich immer in Form bestimmter Ereignisse (Bezugspunkte), die Sie glauben lassen, Sie seien das sehnlich Gewünschte nicht wert oder hätten es nicht verdient.

Manchmal sind die Tischbeine einschränkende Glaubenssätze, die Sie im Lauf Ihres Lebens aufgeschnappt haben.

Chronisch unter Schuldgefühlen zu leiden – das hilft weder Ihnen noch der Person, die Sie vielleicht gekränkt haben. Dennoch zählen Schuldgefühle zu den vorrangigen, unterschwellig an uns nagenden Gefühlen, die dafür verantwortlich sind, Erfolg und den Eintritt von Fülle zu blockieren.

Stellen Sie sich die folgenden wichtigen Fragen und notieren Sie sich die Antworten:

Frage	Antwort
Was gewinnen Sie durch Festhalten am Schuldgefühl? Was bewirkt es in Ihrem Leben?	
Inwieweit hilft es Ihnen, ärgerlich auf sich selbst zu bleiben? Wie hilft es, das Problem zu lösen?	
Wovor haben Sie Angst, wenn es Ihnen gelänge, die Schuldgefühle loszulassen? Was ist das Schlimmste, das dann passieren könnte?	

Wer wird Streit mit Ihnen bekommen, wenn Sie sich selbst verzeihen?	
Welche Konsequenzen hat es, wenn Sie gute Gefühle für sich selbst hegen?	
Wer sind Sie ohne die Schuldgefühle? Was würde Ihnen das geben?	

Die Basis von Schuldgefühlen

Zunächst müssen Sie akzeptieren, was Sie gesagt oder getan haben, und die Schuldgefühle durchleben, bevor Sie versuchen, sie zu neutralisieren! Nur allzu oft wird versucht, das Schuldgefühl zu neutralisieren, bevor sich die Betreffenden mit der Realität der Situation auseinandergesetzt haben. So sind sie nicht in Kontakt mit ihren eigenen Emotionen; sie sind von ihnen abgeschnitten: Von daher gewinnen sie keinen Zugang zu ihnen, der es ermöglichen würde, sie zu beseitigen. Ich sage meinen Klienten immer, dass sich etwas, das man nicht fühlen kann, auch nicht neutralisieren lässt.

Wie werden Sie die Schuldgefühle los? Der einfachste Weg besteht im Einsatz von Visualisierungen: Begeben Sie sich gedanklich in die Situation zurück, wie Sie sie in Erinnerung haben, und fühlen Sie, was Sie damals gefühlt haben. Dann atmen Sie langsam und tief ein und aus, während Sie mit dem rechten Zeigefinger auf Ihr Herz deuten und Ihre linke Hand auf Ihre Stirn legen. Sagen Sie zum Beispiel Folgendes:
»Obwohl ich mich schuldig fühle für das, was ich in meiner ersten Ehe getan habe, und mir selbst die Schuld daran gebe, entscheide ich mich für dieses Gefühl und dafür, zu akzeptieren, was ich getan habe, und ich verzeihe mir selbst meinen damaligen Egoismus.« (Dreimal tief ein- und ausatmen, bevor es weitergeht.)
»Auch wenn ich Schuldgefühle deswegen habe, was ich damals gemacht habe, und nicht weiß, warum ich es tat, entscheide ich mich dafür, zu akzeptieren, wer ich bin und wie ich mich fühle, und es ist in Ordnung für mich, mich jetzt voll und ganz davon zu lösen.« (Dreimal tief ein- und ausatmen, bevor es mit dem nächsten Satz weitergeht.)
»Auch wenn ich zu Recht Schuldgefühle habe und es stimmt, dass ich mich schuldig fühle, akzeptiere ich das, was geschehen ist, sowie alle meine damit zusammenhängenden Gefühle, und ich vergebe mir selbst, dass ich so ignorant und töricht war.« (Dreimal tief ein- und ausatmen.)

Das obige Beispiel dient nur der Orientierung. Ich möchte Sie anregen, so konkret wie möglich zu sein, damit Sie Ihre Schuldgefühle komplett ausradieren können.
Beispiele: »Obwohl ich Schuldgefühle habe, weil ich meinen

Vater als Weichei beschimpft habe ...« – »Auch wenn ich mich schuldig fühle, weil ich ihn verletzt habe, indem ich mich in der Öffentlichkeit über ihn lustig machte ...« – »Auch wenn ich Schuldgefühle habe, weil ich sie in einer entscheidenden Zeit im Stich gelassen habe ...«
Führen Sie diese Übung so lange durch, bis Sie sich vollkommen von Ihren betreffenden Emotionen befreit haben und wieder neutral sind. Das können Sie auf Stress oder Anspannung jeder Art in Ihrem Leben anwenden. Sie werden dabei immer von negativ (unter der Nulllinie) zu neutral zurückkehren. Solange Sie diesen Prozess nicht vollzogen haben, werden Sie im Hinblick auf das Gesetz der Anziehung Zeit verlieren – nicht unbedingt in allen Bereichen, aber Sie wissen nie, wo es sich auswirkt.

Nun betrachten wir uns, was sich oberhalb der Nulllinie befindet:

2,5 Dankbarkeit / Wertschätzung / Motivation / Geduld

Merke: Der erste Schritt von der Neutralität zur positiven Lebensenergie besteht in *Dankbarkeit* und *Wertschätzung.* Wir hatten es bereits erwähnt: Wir trainieren unseren Geist, indem wir jeden Tag in unserem *Secret*-Tagebuch notieren, wofür wir dankbar sind. Es gibt einige Fragen, die wunderschön sind für die Zeit unmittelbar nach dem Aufwachen; ich nenne sie die »Fröhlichen-Morgen-Fragen«. Sie aktivieren sofort das Gesetz der Anziehung:

A. Wofür bin ich jetzt gerade in meinem Leben dankbar?
B. Wofür bin ich heute dankbar?

C. Was begeistert mich an diesem Tag?
D. Worauf freue ich mich heute?
E. Was liegt mir leidenschaftlich am Herzen?
F. Wen liebe ich und wer liebt mich?
G. Wie fühlt es sich an, zu wissen, dass ich geliebt werde?
H. Wen werde ich heute zum Lächeln bringen?
I. Was und wen schätze ich zurzeit am allermeisten?
J. Was schätze ich an mir selbst?

Notieren Sie diese Fragen auf einer Karteikarte und legen Sie sie neben Ihr Bett oder kleben Sie sie an den Badezimmerspiegel. So starten Sie morgens gleich mit diesen Fragen in den Tag. Abends können Sie sich dann die Rückseite der Karte vornehmen – denn dort haben Sie Ihre Abendfragen aufgeschrieben:

A. Wofür bin ich heute dankbar gewesen?
B. Was hat mich heute begeistert?
C. Was habe ich heute gelernt?
D. Was hat heute ein supergutes Gefühl in mir hervorgerufen und worüber bin ich froh?
E. Was hätte ich anders gemacht? (Visualisieren Sie, wie Sie es nächstes Mal angehen wollen.)
F. Wen liebe ich und wer liebt mich?
G. Wie fühlt es sich an, zu wissen, dass ich geliebt werde?
H. Wen habe ich heute zum Lächeln gebracht?
I. Was und wen habe ich heute am meisten geschätzt?
J. Was habe ich heute am meisten an mir geschätzt?

Motivation und Geduld: Weiter vorne habe ich Ihnen schon einige Tipps zum Thema Motivation gegeben: Es beginnt damit, dass Sie sich selbst etwas versprechen. Sie lernen, Geduld zu haben, wenn Sie jeden Tag mit dieser besonderen Technik arbeiten, um mit allem fertig zu werden, was nicht gleich funktioniert; auf diese Weise bringen Sie sich selbst bei, wie Sie immer stärker werden.

Nun gehen wir zum nächsthöheren Schritt über, der uns vitaler und glücklicher macht:

5 Beharrlichkeit / Liebe / Freude / Verspieltheit / Akzeptanz

Die Bedeutung von Beharrlichkeit bzw. Durchhaltevermögen habe ich bereits weiter vorne erläutert: Es ist die Schwester des pflichtbewussten Engagements.

Liebe, Freude und Akzeptanz gehen Hand in Hand. Es geht darum, zu tun, was Ihr Herz zum Singen bringt, und sich selbst ständig Neues beizubringen sowie Ihre Lieben voll und ganz zu akzeptieren.

Für Liebe gibt es viele Definitionen. Vor allem heißt Liebe: mit offenem Herzen zu leben, die Vergangenheit loszulassen und dem, was sich jetzt gerade in Ihrem Leben abspielt, Ihre volle Aufmerksamkeit zu widmen – ganz und gar von einem Ort der Verletzlichkeit aus, ohne Angst davor, verletzt zu werden oder Schmerz zu empfinden, weil etwas Wunderschönes eines Tages auch wieder zu Ende sein könnte. Sie werden daran wachsen, wenn Sie jetzt, in diesem Moment, vollkommen genießen, was Sie haben. Und wenn es dann vorbei ist, werden Sie wunderschöne Erinnerungen haben, auf die Sie zurückblicken können, und werden stärker als zuvor daraus hervorgehen. Sehen Sie Ihr Leben als ein Spiel, dessen Zweck darin besteht, die Intention für Ihr Leben zu finden, und das wird Ihr Herz automatisch vor Glück zum Singen bringen.

7,5 Inspiration/Glaube an sich selbst/Begeisterung/ Leidenschaft

Inspiration ähnelt der Offenheit, da sie bedeutet, dass Sie an sich und Ihre Träume glauben. Sie halten Ausschau nach Vorbildern, die Sie inspirieren und Ihnen von daher Kraft spenden; wenn Sie Kontakt mit ihren Schwingungen aufnehmen, werden Sie wahrnehmen, wie Begeisterung und Leidenschaft in Ihnen ungehindert fließen. Ihr Wachstum geht weiter, wenn Sie sich Vorbilder aussuchen, die Sie Tag für Tag inspirieren, noch mehr aus Ihrem Potenzial zu machen. Ich komme meist in den Genuss von Menschen, die sich für etwas begeistern können, und ich nehme sie mir energetisch immer zum Vorbild. Ich habe Freunde, die mich inspirieren, und ich inspiriere sie.

10 Ekstase/Glückseligkeit/Bedingungsloses Glück und bedingungslose Liebe

Wenn Sie auf Ihrem Weg bleiben, sich selbst gegenüber loyal bleiben und an den Faktoren weiterarbeiten, die Sie stören, kommt irgendwann der Punkt, wo Ihnen nichts und niemand mehr Ihre Macht aus der Hand nehmen kann. Dann haben Sie die höchste Ebene der Ekstase, die vollkommene Verwirklichung Ihres Selbst oder die Erleuchtung erlangt. Die Gurus in Indien sagen, jeder trage das in sich und alle, die sich dieser Aufgabe wirklich mit Inbrunst verschreiben, könnten diesen

Zustand erreichen. Ich bin da nicht so sicher – aber das Beste aus sich selbst herauszuholen und immer weiter zu wachsen, ist auf jeden Fall ein verfolgenswertes Ziel. Ich betrachte es als etwas, das zustande kommt, wenn man seinem Weg treu bleibt und weiter an sich arbeitet.

Bleiben Sie dauerhaft oberhalb der Nulllinie, dann werden Sie ganz selbstverständlich eine höhere Frequenz aufweisen, als wenn Sie unterhalb der Nulllinie sind. Oberhalb von ihr ist Ihre Gefühlslage glücklicher, fröhlicher und optimistischer; insofern ist es für Sie ganz natürlich, sich das Gesetz der Anziehung zunutze zu machen, um zu erreichen, was Ihr Herz begehrt. Sie kommen Ihrem authentischen Selbst dabei immer näher und werden zum Magneten für Liebe, Glück, Geld und Erfolg. Mit anderen Worten: Das Gesetz der Anziehung arbeitet mit Volldampf daran, alles zu beschaffen, was Sie wollen und was zu Ihrer Energie gehört. Tatsache ist, dass Sie gar nichts mehr zu tun brauchen – es findet sich einfach ein, und Ihre Gedanken materialisieren sich.

Ich hoffe, dass Sie mit diesem Wissen arbeiten. Nun wird Ihnen klar sein, dass es Ihr Ziel sein sollte, oberhalb der Nulllinie weiterzuwachsen und Ihr Leben immer liebevoller, spielerischer und müheloser gestalten. Seit ich positiv eingestellt bin und mich nicht mehr in die Negativität und den Pessimismus in meiner Umgebung hineinziehen lasse, geschieht alles in meinem Leben müheloser und viel zügiger.

Ein universelles Gesetz, das Ihnen zum besseren Manifestieren verhilft

MENTALTRAINING STUFE 4

Als ich 1988 erstmals Bekanntschaft mit dem Gesetz der Anziehung machte, manifestierte ich neun Monate später durch Einsatz von Visualisierung mühelos einen Mercedes. Damals faszinierte mich die Tatsache, dass wir als Menschen die einzige Spezies sind, die ihr eigenes Potenzial nicht einmal ansatzweise ausschöpft. Wir sind Meister im Erfinden von Ausreden. Jeden Tag höre ich Leute sagen, meine Workshops seien zu teuer. Wenn ich dann frage, ob sie wissen, dass es auch Basis-Workshops gibt, die ganz erschwinglich sind, bekomme ich lediglich weitere Ausreden zu hören: »Keine Zeit«, »Zu weit weg«, »Da sind mir zu viele Leute« etc. Tiere sind von Natur aus nicht faul – sie müssen ja für sich selbst sorgen und werden tun, was immer sie tun müssen, um sich ihre tägliche Mahlzeit zu beschaffen. Bei uns besteht die Herausforderung darin, dass wir so viel Müll in unserem Kopf mit uns herumschleppen, der auf das Konto unserer Eltern, unserer Lehrer, des Fernsehens und unserer Umgebung geht, dass es fast ein ganzes Leben in Anspruch nimmt, das alles wieder zu verlernen.

Ich halte Workshops ab, um Menschen zu ihrem *authentischen Selbst* zurückzubringen. Persönliche Weiterentwicklung ist gar keine Entwicklung im eigentlichen Wortsinn. Vielmehr besteht sie darin, uns daran zu erinnern, wer wir in Wirklichkeit sind. Und das ist der Punkt, an dem Sie von persönlicher Freiheit sprechen können. Sie fühlen sich frei und in Ihrer Kraft, wenn Sie mit einem ganzen Werkzeugkasten voller Instrumente ausgestattet sind, die Ihnen helfen, mit allem fertig zu werden, was Ihnen auf Ihrem Weg begegnet. Ich bringe Leuten bei, mit ihren Emotionen zurechtzukommen, klarere Grenzen zu setzen und gesund und vital zu bleiben, indem sie nichts tun, was wider die Natur ist.
Wären Sie nicht gerne frei? Sind Sie es nicht wert, in Ihre Zukunft zu investieren? Ignoranz ist Ihr größter Feind. Dieses Buch ist Ihre Einführung in meinen Slogan (und den meines Teams): »Sei der Beste, der du sein kannst.« Das umreißt exakt, was ich meine.

Worin bestehen also die Gesetze des Erfolgs? Es gibt insgesamt sieben davon, und ich werde der Reihe nach auf sie eingehen.

1. Das Gesetz der Anziehung

Energie zieht ähnliche Energie an. Wenn Sie positive Energie haben und sich regelmäßig mit dem verbinden, was Sie wollen, wird es kommen. Das hat eher mit Fühlen und Spüren zu tun als mit Visualisieren. Um reich zu werden, müssen Sie sich reich *fühlen.* Indem Sie dankbar für alles sind, was Ihnen das Gefühl gibt, reich zu sein, begeben Sie sich auf die entsprechende Frequenz.

Ein gutes Beispiel hierfür ist Gesundheit. Sie sind krank, chronisch müde und ärgern sich über all die Dinge, die Sie nicht mehr tun können. Wie ändern Sie etwas daran? Indem Sie sich auf das konzentrieren, was Sie noch können, und indem Sie dafür dankbar sind und – darauf aufbauend – jedes Mal einen kleinen Schritt weiter gehen. Sie danken der göttlichen Kraft täglich für die Energie, die Sie haben, und zu den Zeiten, in denen Sie sich richtig energiegeladen fühlen, halten Sie an diesem Gefühl fest und sind dankbar dafür, es zu erleben.
Das Letztgenannte ist wichtig: Sie *sind* bereits dankbar dafür, dass Sie in der Lage sind, zu empfinden, wie es wäre, eine große Portion Energie zu haben, auch wenn Sie sie noch nicht haben. Das kann Ihnen helfen, die richtige Person anzuziehen, die Ihnen in dieser Richtung weiterhilft.
Ich habe vielen geholfen, die unter chronischer Müdigkeit litten. Ein Paradebeispiel hierfür ist Kirsten: Sie nahm ein Jahr lang an der Ausbildung teil und hat jetzt so viel Energie, dass sie schon hyperaktiv wirkt.
Fragen Sie sich also, welches Gefühl Sie erfahren wollen, das mit Ihrem Ziel in Verbindung steht. Fragen Sie sich, welches Gefühl Sie erleben möchten, das zu Ihrem Ziel gehört. Notieren Sie sich die Antwort auf einem Kärtchen und rufen Sie sich dieses Gefühl jeden Tag wach.
Genau so manifestierte ich auch den Mercedes. Ich wollte gar keinen haben, aber weil ich ohnehin nicht an das Gesetz der Anziehung glaubte, wählte ich einen Mercedes, wie ich ihn normalerweise nie kaufen würde. Jeden Tag konzentrierte ich mich 10 bis 15 Minuten darauf, was für ein Gefühl es wäre, einen solchen Wagen zu fahren. Nach drei Monaten hörte ich damit

auf. Rund sechs Monate später lud man mich zu einem Projekt in der Schweiz ein, und ich musste für ein Jahr dorthin. Am Flughafen wartete der Projektleiter schon mit einem Mercedes auf mich: Das Fahrzeug hatte genau die Farbe und entsprach genau dem Modell, das ich mir vorgestellt hatte.

2. Das Gesetz des Eigentoreffekts bei allzu viel Bedürftigkeit

Das Gesetz der Anziehung sagt uns alles über die Bedeutung ungeteilter Aufmerksamkeit: Richten Sie alle Aufmerksamkeit auf Fülle, und es wird sich mehr Fülle bei Ihnen einstellen. Konzentrieren Sie sich auf Knappheit, und Sie werden noch weniger bekommen, als Sie ohnehin schon haben.

Aber die Sache hat einen Haken: Wenn wir nämlich etwas allzu dringend haben wollen, gehen wir das Ganze zu verbissen an und bekommen so das genaue Gegenteil – gerade so, wie wenn Sie im Bett liegen und sich verbissen bemühen, endlich einzuschlafen: Je mehr Sie sich anstrengen, in den Schlaf zu finden, desto schwieriger wird es.

Wenn Sie Geldprobleme haben und schnell eine bestimmte Summe brauchen, geraten Sie unter Stress und blockieren damit das Gesetz der Anziehung. Ihnen geht dann durch den Kopf, was alles schiefgehen könnte, wenn Sie das Geld nicht haben (oder im anderen Fall: nicht genug Schlaf bekommen). Es spielt keine Rolle, wie sehr Sie »es« haben wollen und wie stark Ihre Überzeugung ist, dass Sie »es« brauchen: Sie müssen sich erst von dem Gefühl lösen, das Gewünschte zu brauchen – ich spreche dabei von Verbissenheit –, um dem Gesetz der Anziehung den Raum zu geben, damit es wirken kann, wie es zu wirken hat.

3. Das Gesetz der Wertschätzung und Dankbarkeit: Schwingung

Sie ziehen das an, was Sie haben wollen, wenn Sie auf der gleichen Frequenz schwingen wie Ihre Ziele. Wollen Sie reich sein, müssen Sie sich reich *fühlen,* und zwar *jetzt.* Was Sie Ihrerseits wertschätzen, erfährt auch Wertschätzung. Wofür Sie dankbar sind, lässt noch mehr Dinge entstehen, die Ihnen Anlass zur Dankbarkeit geben. Das ist ein wichtiges Untergesetz des Gesetzes der Anziehung.

Wenn Sie sich die »Skala der Emotionalen Fitness« im vorherigen Kapitel ansehen, wird Ihnen auffallen, dass Sie gerade dies über die Nulllinie bringt – Sie schwingen auf einer anderen Ebene –, und von daher ziehen Sie automatisch mehr von dem an, was Ihnen entspricht und was Sie wollen. Vieles stellt sich bei Ihnen ein, über das Sie sich nicht einmal Gedanken zu machen brauchen.

Oft erhalte ich Chancen, die ich nicht visualisiert hatte, die aber durchaus einen großen Einfluss auf mein Leben haben. In dem Dorf in Florida, in dem ich lebe, hatte ich nie einen Workshop besucht. Dann erzählte mir meine Exfrau, dass dort ein Workshop stattfinde, und zwar direkt um die Ecke. Dieser Workshop hat mein Leben von Grund auf verändert, da er mir zu Erkenntnissen verhalf, die mich dazu brachten, geschäftlich alles komplett auf den Kopf zu stellen. Ich kam durch ihn zu Einsichten, die ich auf anderem Weg nie gewonnen hätte. So geht es uns allen, und es hat mit der Frequenz zu tun, mit der man in Resonanz ist.

4. Das Gesetz der Entscheidungsfreiheit: Sie können immer entscheiden, wie Sie an das Leben herangehen

Wenn Sie darüber nachdenken, sind wir vor nichts als Entscheidungen gestellt. Je nachdem, wofür wir uns entscheiden, verläuft unser Leben auf eine bestimmte Weise. Wenn Sie sich dafür entscheiden, Gefühle zu unterdrücken, Konflikte zu vermeiden und so zu tun, als wäre alles okay, stehen die Chancen gut, dass Sie früher oder später dafür eine deftige Zeche zahlen, und zwar in Form einer chronischen Erkrankung. Wenn Sie sich ständig dafür entscheiden, ungesunde Naschereien zu sich zu nehmen, sollten Sie nicht überrascht sein, wenn Sie fünf Jahre später 12 Kilo Übergewicht haben. Wenn Sie die Wahl treffen, sich wenig zu bewegen, sollten Sie sich nicht wundern, dass Sie keine Kondition haben und dass Ihr Herz darunter leidet. In Indien spricht man hier vom Gesetz des Karma: Ursache und Wirkung. Dieses Gesetz ist erbarmungslos und kümmert sich nicht darum, wer Sie sind. Wenn Sie rauchen und Krebs im Mundbereich bekommen, ist das das Gesetz des Karma. Wenn Sie keine Ersparnisse anlegen, werden Sie keine Rücklagen für Ihren Lebensabend haben – auch das ist das karmische Gesetz. *Karma* bedeutet im Sanskrit »Handeln«. Je nachdem, wofür Sie sich entscheiden, handeln Sie, und das wiederum hat Konsequenzen. Unser Leben wird von den Entscheidungen bestimmt, die wir jeden einzelnen Tag treffen.

Ich möchte Sie gerne einladen, sich anzuschauen, was Sie anders machen wollen: Welche Entscheidungen treffen Sie, die für Sie nicht richtig sind? Schreiben Sie sie auf. Verpflichten Sie sich Ihnen selbst zuliebe, sich von jetzt an anders zu entscheiden. Üben Sie es weiter, bis Sie das wirklich tun. Sollte das nicht funktionieren, können Sie unter anderem Affirmationen einsetzen (siehe nächstes Kapitel), um an Ihrer Identität zu arbeiten und die Persönlichkeit zu kreieren, die dazu in der Lage ist.

5. Das Gesetz der Veränderung: Der tagtägliche Entschluss, aufs Ganze zu gehen

Jeder hat etwas in seinem Leben, das er gerne ändern will. Leicht ist das nicht, da alles, was zur Gewohnheit geworden ist, auch eine entsprechende neurologische Struktur in Ihrem Gehirn erzeugt hat. Angewohnheiten werden deshalb zur reinen Routine, weil es Milliarden von Nervenverbindungen (Synapsen) gibt, die hierbei mitwirken. Diese Synapsen sorgen dafür, dass wir Auto fahren können, ohne bewusst daran zu denken, in einen anderen Gang zu schalten oder Gas zu geben. Je länger wir etwas tun, desto mehr Synapsen haben wir dazu, und dann kann das Ganze auf »Autopilot« ablaufen. Diese »Autopilot-Funktion« nutzen wir für eine ganze Reihe von Handlungen: Gehen, Trinken, Essen, Reden, Geschirrspülen, Zähneputzen etc. Wenn wir etwas Neues lernen, üben wir es eine Zeit lang, bis wir genügend Synapsen geschaffen haben; und von da an können wir es mit unserer Gedankenkraft dirigieren. Wir müssen etwas nur wollen, und schon tun wir es – etwa wenn wir mit Messer und Gabel essen. Möchten wir etwas in unserem Leben von jetzt auf nachher verändern (zum Beispiel beschließen, dass wir jeden Morgen Joggen gehen wollen, was wir schon 20 Jahre nicht mehr gemacht haben), ist das sehr schwierig.

Das Gesetz der Veränderung besagt, dass drei Zutaten erforderlich sind, um ein altes Muster zu durchbrechen: 1. der Entschluss; 2. die Motivation; 3. die Disziplin (Beharrlichkeit).

Ihr *Entschluss* fällt in dem Moment, da Sie entscheiden »*Ich* muss *jetzt* etwas an mir ändern!«

Motivation geht auf die Tatsache zurück, dass wir mit dem alten Verhalten letztlich Schmerz verbinden und mit dem neuen Verhalten Vergnügen assoziieren. Je mehr Schmerz wir mittlerweile mit dem alten Verhalten in Verbindung bringen, desto motivierter sind wir, etwas zu ändern.

Ein Gedankengang, der zur Veränderung anregt: »Wenn ich mich nicht genug bewege, bekomme ich noch massivere Herzprobleme und nehme weiter zu, und wenn ich dann so weitermache, kriege ich einen Herzinfarkt; mein Vater ist an einem Herzinfarkt gestorben, und ich will nicht in seine Fußstapfen treten.«

Je mehr Spaß wir mit dem neuen Verhalten verknüpfen, desto besser. Zum Beispiel: »Wenn ich 15 Kilo abnehme, mache ich eine Weltreise. Ich habe das schon immer gewollt, und jetzt werde ich drei Monate lang mit der Arbeit pausieren – mit meinem Chef habe ich das auch schon arrangiert.«

Disziplin bedeutet nicht mehr, als dass Sie sich ständig in Erinnerung rufen, warum Sie etwas tun, wozu Sie es tun und was es für Sie bedeutet. Disziplin bedeutet auch, dass Sie sich selbst und Ihren Träumen treu bleiben. Sich selbst wichtig nehmen, statt sich klein machen.

Eine weitreichende Veränderung krempelt immer die Lebensweise um. Sie müssen sich bildlich vorstellen, wie Sie das Leben führen, das Sie führen wollen, und damit möglichst viel Vergnügliches in Verbindung bringen. Um sich eine neue Gewohnheit zuzulegen, müssen Sie etwas mindestens drei Monate lang tun und eine Menge Spaß dabei haben. Mit anderen Worten:

Sie müssen sich für mindestens drei Monate verbindlich auf das Neue einlassen.

6. Das Gesetz der Zeit: Der Tag hat nicht mehr als 24 Stunden

Uns allen steht die gleiche Menge an Zeit zur Verfügung; unser Erfolg hängt davon ab, wie effektiv wir diese Zeit *nutzen*. Einstein, Mozart, Shakespeare, Leonardo da Vinci – bei allen hatte der Tag die gleiche Anzahl von Stunden wie bei uns. Was fangen Sie mit Ihren 24 Stunden an?
Ich habe mir selbst antrainiert, 6 Stunden zu schlafen statt 8. Wenn ich keinen Stress habe, komme ich sogar mit 5 Stunden aus. Das sind 2 Stunden mehr am Tag, also 14 Stunden mehr pro Woche und 728 Stunden mehr im Jahr. Ich habe durchschnittlich anderthalb Monate mehr als jemand, der durchschnittlich 8 Stunden schläft. In dieser Zeit schreibe ich neue Bücher oder werde kreativ und entwickle etwas Neues, oder ich tue sonst irgendetwas, das mir Spaß macht. Derzeit habe ich zirka 60 Bücher geschrieben. Auf Autofahrten höre ich mir Mitschnitte von Workshops an, die andere veranstaltet haben, und lerne von ihnen. Auf Langstreckenflügen nehme ich immer ein Projekt mit, an dem ich unterwegs arbeiten kann – irgendetwas, womit ich mich gerne befasse. Geschäftliche Besprechungen mit einem meiner Geschäftspartner (José) finden oft im Auto statt. So nutzen wir unsere Zeit effizient; außerdem wird uns die Fahrt nicht lang. Ich hole das Maximale aus einem Tag heraus. Ich sorge dafür, dass mir Zeit bleibt, um mich zu bewegen und meine CDs zu hören, und dank meiner Effektivität habe ich mehr Zeit für das, was ich mag.

Ich experimentiere mit Programmen, die sich dazu eignen, im Schlaf zu lernen oder an der eigenen Gesundheit und Vitalität zu arbeiten, sodass man jeden Morgen beim Aufstehen fit und vital ist. Das würde bedeuten, dass wir zusätzlich 6 bis 8 Nachtstunden haben, die sich nutzbringend einsetzen lassen. Eine gewisse Form davon habe ich schon als 13-Jähriger wegen meiner Lernstörungen praktiziert: Im Schlaf hörte ich mir dann selbst aufgenommene Kassetten an, was mit dazu beitrug, dass ich schließlich Klassenbester wurde. Was können Sie tun, um Ihre Zeit effektiver zu nutzen und an Ihren Zielen zu arbeiten? Klären Sie es für sich und notieren Sie sich Ihre Ideen, wie Sie das angehen könnten.

7. Das Gesetz der Erfahrung: Je öfter Sie etwas tun, desto besser werden Sie darin

Es gibt nicht umsonst den Spruch: »Übung macht den Meister.« Mit anderen Worten: Wiederholung ist der Weg zur Meisterschaft, die »Mutter des Lernens« oder »Mutter aller Kunstfertigkeit«, um einen anderen alten Spruch zu zitieren. Im ersten Moment klingt das schließlich logisch genug. Natürlich bestätigen Ausnahmen die Regel, etwa die begnadeten Virtuosen dieser Welt, die etwas rasend schnell lernen und es dann sogar noch viel besser beherrschen als Menschen, die sich schon seit Jahren damit befassen.

Wenn Sie Meister darin werden wollen, öffentliche Vorträge zu halten, werden Sie jede Gelegenheit nutzen müssen, um zu üben und Erfahrungen zu sammeln. Ich glaube, es gibt immer noch mehr zu lernen. Man hat bewiesen, dass unser Gehirn ständig etwas Neues lernen möchte und immer beschäftigt werden will.

»Wer rastet, der rostet«. Wer sich allzu viel ausruht, baut früh ab und erlebt, wie das Gedächtnis nachlässt.
Ich bin permanent damit beschäftigt, Dinge hinzuzulernen und mich in etwas Neues einzuarbeiten. Ich liebe es, etwas Neues dazuzulernen, selbst wenn es sich auf ein für mich völlig fremdes Gebiet bezieht – zum Beispiel Tiefseetauchen oder Windsurfen oder das Erlernen einer neuen Sprache. Wir sind Lernmaschinen und sollten nie aufhören, dazuzulernen.

Das Gesetz der Erfahrung lässt sich sehr gut auf das Gesetz der Anziehung anwenden: Sie müssen lernen, Dinge anzuziehen und Dinge zu manifestieren, und immer weiter daran arbeiten, Ihre Fähigkeit zu vervollkommnen. Üben Sie es weiter und geben Sie nie auf. Viele Leute in meinen Workshops behaupten, sie wüssten schon alles, was ich ihnen vermittle. Wenn ich sie dann frage, ob sie es auch leben, müssen sie sich eingestehen, dass sie es zwar wissen, aber nicht anwenden. Ihr Wissen ist nicht zu einer Fertigkeit von ihnen geworden und bleibt bloße Theorie.
Wenn Sie geistig offen bleiben, wird das Universum Ihnen Rückmeldungen geben, was Sie bei sich verbessern können. In Wahrheit sind Sie nämlich nie zu alt, um »neue Tricks« zu lernen. Sie müssen bereit sein, sich aus der Komfortzone der Gewohnheiten, in der Sie es sich so schön eingerichtet haben, herauszubewegen, und offen für neue Möglichkeiten sein, zu lernen, etwas noch besser machen. Besonders wichtig: Gehen Sie Erfahrungen nicht aus dem Weg, weil sie etwa emotional zu schmerzhaft sind. Nehmen Sie sie auf sich und lernen Sie, mit Ihren Emotionen noch besser umzugehen. Kritik ist ein pri-

ma Werkzeug; haben Sie keine Angst vor ihr, sondern nehmen Sie sie demütig entgegen und sehen Sie sich an, was Sie davon gebrauchen können. Nehmen Sie sie nicht persönlich, sondern sehen Sie sie als Information des Universums.

Eine Liste der Gesetze und Ihre Hausaufgabe

1. Das Gesetz der Anziehung
Gleiche Energien ziehen sich an.
Von welcher Energie wollen Sie mehr in Ihrem Leben haben?

2. Das Gesetz des Eigentoreffekts bei allzu großer Bedürftigkeit
In welchen Bereichen oder bei welchen Dingen neigen Sie zu Verbissenheit und was müssen Sie loslassen?

3. Das Gesetz der Wertschätzung und Dankbarkeit: Schwingung
Schwingen Sie genug auf der Frequenz Ihrer Ziele? Was können Sie sonst noch tun, um auf dieser Frequenz zu schwingen?

4. Das Gesetz der Entscheidungsfreiheit: Sie können immer entscheiden, wie Sie an das Leben herangehen
Was würden Sie anders machen wollen? Welche Entscheidungen treffen Sie im Moment, die nicht gut für Sie sind? Schreiben Sie sie auf. Nehmen Sie sich jeden Tag aufs Neue fest vor, dass Sie anders entscheiden werden, und üben Sie dies so lange ein, bis Sie es tatsächlich tun.

5. Das Gesetz der Veränderung: Der tagtägliche Entschluss, aufs Ganze zu gehen

Das Gesetz der Veränderung besagt, dass wir drei Dinge benötigen, um alte Muster zu durchbrechen: Entschlossenheit, Motivation, Disziplin (Beharrlichkeit).
Wie stark motiviert sind Sie? Wie viel Schmerz assoziieren Sie damit, nichts zu ändern? Wie viel Positives haben Sie damit in Verbindung gebracht, etwas zu ändern? Sind Sie sich selbst gegenüber die Verpflichtung eingegangen, mindestens drei Monate durchzuhalten?

6. Das Gesetz der Zeit: Der Tag hat nicht mehr als 24 Stunden
Wie können Sie Ihre Zeit effizienter einsetzen? Wie nutzen Sie Ihre 24 Stunden? Wo verlieren Sie Zeit mit Unwichtigem, das zugleich auch nicht gut für Sie ist?

7. Das Gesetz der Erfahrung: Je öfter Sie etwas tun, desto besser werden Sie darin
Welche Fähigkeiten wollen Sie entwickeln, und haben Sie einen Plan dafür? Falls nicht, stellen Sie jetzt einen Plan auf und strukturieren Sie ihn zeitlich durch, damit Sie wissen, wann Sie Ihr Ziel erreichen werden.

MISSING LINK 3

Wie verändere ich meine Glaubenssätze, damit das Gesetz der Anziehung in meinem Sinne funktioniert?

MENTALTRAINING STUFE 5

In den letzten zwei Jahren habe ich mit Hunderten von Menschen gesprochen, die das Buch *The Secret* gelesen oder sich die DVD angesehen haben: Trotz heftigster Bemühungen kamen sie nicht weit beim Versuch, ihre Träume zu manifestieren. Fast immer ist es mir geglückt, ihre Blockaden innerhalb weniger Minuten aufzudecken: Die einfachste besteht darin, dass sie versucht haben, sich auszumalen, *wie* das gewünschte Ereignis geschehen sollte. Zwar wird dieser Punkt im Buch ausdrücklich angesprochen, aber bei einigen kommt er nicht an, und so verbringen sie zu viel Zeit mit dem *Wie*.

Wie überwindet man also die Frage »Ja schön, aber wie soll das gehen?« Die meisten Menschen nehmen ihre Bestellung zurück, nachdem sie gesagt haben: »Ich will ...«, indem sie (insgeheim) sagen oder denken: »Ja schön, aber wie? Wie erreiche ich das?« Das macht die schöne, klare Bestellung, die Sie zunächst aufgegeben haben, wieder zunichte.

Die einfachste Möglichkeit, die Barriere zu überwinden, besteht in der *Secret*-Technik: Zeigen Sie mit dem rechten Zeigefinger auf Ihr Herz, legen Sie die linke Hand auf Ihre Stirn und sagen Sie:

> *»Obwohl ich nicht weiß, wie es gehen soll: Ich sorge dafür, dass ich das Gewünschte bekomme, auch wenn ich davon überzeugt bin, dass es nicht geht. Müsste ich mir ehrlich eingestehen, was ich am meisten will, dann wäre es genau das!«*

Wichtig ist, dabei mindestens dreimal langsam ein- und auszuatmen.
Solche Selbstgespräche helfen dabei, die Hindernisse aus dem Weg zu räumen, die Sie sich selbst dorthin geräumt haben. Sie geben Ihrem herrlichen, reinen, inständigen Wunsch die Chance, sich zu offenbaren. Sobald sich dieser Wunsch offenbart, können Sie ihn für sich zur Kenntnis nehmen und den Prozess in die Wege leiten, sich selbst jeden Tag mit positiven Emotionen aufzuladen.
Dieses überaus bedeutende Hindernis müssen Sie als Allererstes überwinden, denn das hilft Ihnen, die Sache lockerer anzugehen, und gibt dem Universum eine bessere Chance, Synchronizität zu erschaffen, wodurch sich alles auf die perfekteste Weise und zum perfektesten Zeitpunkt bei Ihnen einstellt.

Die Erfolgskette: Der Weg zu einem guten Selbstwertgefühl

Die meisten konzentrieren sich allzu sehr auf bestimmte Ziele und meinen, ihr Glück hänge davon ab. Untersuchungen zeigen, dass die meisten Menschen nicht glücklich sind, da sie sich

selbst mit anderen vergleichen und Wege finden, das, was sie haben, kleinzureden und gering zu schätzen.
Das Hauptziel besteht darin, gesund und glücklich zu sein, Freude am Leben zu haben sowie einfach und mühelos loslassen zu können, was wir nicht haben wollen oder nicht mögen, um es in Kraft und Wachstum zu transformieren. Der Rest ist Kleinkram. Das ist die Grundlage der Erfolgskette und der eigenen Weiterentwicklung.
Bei der Erfolgskette geht es nicht darum, sich nur auf eines zu konzentrieren. Stattdessen sind Sie aufgefordert, sich das zu wünschen, was Sie im Leben wirklich wollen, ohne dafür in irgendeinem Bereich etwas anderes opfern zu müssen. Sie wollen ja glücklich *und* gesund sein *und* viel Geld haben *und* spirituell in Ihr authentisches Selbst hineinwachsen *und* ein langes und vitales Leben führen etc.

Erfolgsidentität

Sie können sich wünschen, was Sie wollen – solange jedoch Ihre Glaubenssätze und Überzeugungen (das heißt Ihre Identität) dem, was Sie wollen, nicht entsprechen, wird das Ganze definitiv nicht funktionieren. Das stellt für die meisten das zweite große Hindernis dar.
Sie brauchen die Identität eines Menschen, der Wohlstand, Gesundheit, Erfolg, Vitalität und Glück sein Eigen nennt und sagen kann, dass sie sich für ihn ganz natürlich einstellen. Sie müssen jemand sein, der sich beständig oberhalb der Nulllinie aufhält (siehe »Skala der Emotionalen Fitness«); der dankbar ist; der die Dinge spielerisch angeht sowie Freude hat an dem, was das Leben ihm präsentiert. Hätten Sie das nicht gerne?

Ich habe eine Übung entwickelt, um genau das zu erreichen. Es dauert ein paar Monate, um das Gehirn komplett im Sinne der neuen Synapsen zu programmieren. So werden Sie ein automatischer Glücksmagnet und ein Anziehungspunkt für all das, was Sie sich inständig wünschen.

Die sieben Affirmationen, die Ihr Leben verändern werden

1. Ich liebe mich und bin voller Zuversicht und Frieden, was auch kommen mag. Ich bin mutig und kraftvoll und werde mit allem fertig, was mir begegnet.

2. Ich bin fröhlich und gelassen, was auch geschieht. Ich bin die Liebe selbst und gut darin, anderen zu verzeihen. Ich habe Mitgefühl mit allen, die in Not sind oder leiden.

3. Ich konzentriere mich immer auf das Positive, und ich habe alles verdient, was ich mir wünsche, und noch viel, viel mehr.

4. Ich erreiche meine Ziele mit Würde und Anmut, Leichtigkeit und Freude, und ich akzeptiere alles an mir mit Liebe.

5. Ich genieße das Leben in vollen Zügen. Ich bin höchst flexibel und kreativ und setze klare Grenzen.

6. Ich bin Yin und Yang, Gutes und Schlechtes; ich trage alles in mir und verarbeite alles mit Würde und Anmut, Leichtigkeit und Freude.

7. Ich bin liebevoll und kraftvoll, selbst dann wenn ich mich verletzlich zeige. Ich bin emotional intelligent – nichts und niemand kann mir mein positives Empfinden und meine Kraft nehmen.

Diese sieben Affirmationen haben sich für mich nach jahrelangem Experimentieren und Forschen herauskristallisiert. Sie tragen zur Schaffung einer machtvollen Identität bei, die Sie zum Magneten für das macht, was Sie wollen, und Ihnen Schritt für Schritt hilft, auf der »Skala der Emotionalen Fitness« höher zu gelangen. Ich sage sie praktisch jeden Tag unter der Dusche auf (mein Lieblingsort, um diese Übung zu praktizieren!).
Wiederholen Sie die Affirmationen ein- bis dreimal täglich. Am besten beginnen Sie damit gleich morgens nach dem Aufstehen und befassen sich noch einmal abends unmittelbar vor dem Schlafengehen damit. Wenden Sie die *Secret*-Technik so an, wie Sie sie gelernt haben: Zeigen Sie mit dem rechten Zeigefinger auf Ihr Herz, legen Sie die linke Hand auf die Stirn, sprechen Sie die Affirmation und atmen Sie nach jeder Affirmation mindestens dreimal langsam ein und aus.

Es dauert rund drei Monate, bis Sie Ihr Gehirn komplett mit ausreichend vielen Synapsen programmiert haben, um zu einem automatischen Magneten für Glück und alles, was Ihr Herz begehrt, zu werden. Wenn ich Sie wäre, würde ich möglichst bald damit anfangen.

MISSING LINK 4

Das eigentliche Ziel ist die Reise selbst

MENTALTRAINING STUFE 6

»Alle Wege führen nach Rom«, lautet ein altes Sprichwort. Wenn Sie die Wahl hätten, würden Sie in Wahrheit den bequemsten Weg wählen – nicht etwa einen, auf dem Sie ständig über Hindernisse stolpern und vor vertrackten Herausforderungen stehen. Haben Sie andererseits einen Kasten voll mit den unterschiedlichsten Werkzeugen zur Verfügung, dann können Sie mit allem klarkommen, was Ihnen begegnet: Sie können aus jeder Herausforderung wertvolle Lektionen lernen und durch sie neue Fähigkeiten entwickeln, die für Sie später von Nutzen sein werden. Falls Sie nicht auch schon das Unterwegssein zum Ziel genießen, kann Ihr Weg so unangenehm sein, dass Sie Ihr Ziel gar nicht erst erreichen.

Eine andere Herausforderung könnte darin bestehen, dass Sie sich so sehr auf Ihr Ziel konzentrieren, dass Sie grundlegende Dinge wie etwa Ihre Gesundheit vergessen oder vernachlässigen – was natürlich Probleme mit sich bringt. Der Friedhof ist voll von jungen, erfolgreichen Leuten, die einen frühen Tod starben, weil sie ihre Gesundheit vernachlässigt haben. Wenn wir ignorieren, dass unsere Gesundheit wichtig ist, zahlen wir einen enormen Preis. Vergessen wir, den Weg zu unserem Ziel

zu genießen, könnte es sogar sein, dass wir ungenießbare, verbitterte und unglückliche Menschen geworden sind, bis wir das Erwünschte erreicht haben, und die erzielten Erfolge gar nicht mehr genießen können.
Ich selbst habe all diese Fehler gemacht, und ich habe viel daraus gelernt. Ich war so damit beschäftigt, die Welt zu retten, dass ich gar nicht mitbekam, wie meine Kinder heranwuchsen und dass meine Ehe in die Brüche ging. Ich habe gelernt, darauf zu achten, *wie* ich an meine Ziele gelange und dass ich sie nicht auf Kosten meiner Gesundheit, meines Lebensglücks, meiner Vitalität und Lebensfreude erreiche. Mir ist mittlerweile klar geworden, dass die Reise zu meinen Zielen wichtiger ist als das Ziel selbst. Mit anderen Worten: *Wer* Sie auf Ihrer Reise zum Ziel werden, ist wichtiger als das Ziel selbst!

Wie Ihre Reise verläuft, ist wichtiger als das Ziel, das Sie sich gesetzt haben!

Das ist eine sehr wichtige Erkenntnis. Ich stelle mir das Ganze immer wie eine Zielscheibe vor. Denken Sie sich fünf oder sechs Kreise, und in der Mitte, im Schwarzen, sind Sie als der Mensch, der Sie auf dem Weg zu Ihrem Ziel sind – das ist das Ziel, das über das Ziel als solches hinausgeht.

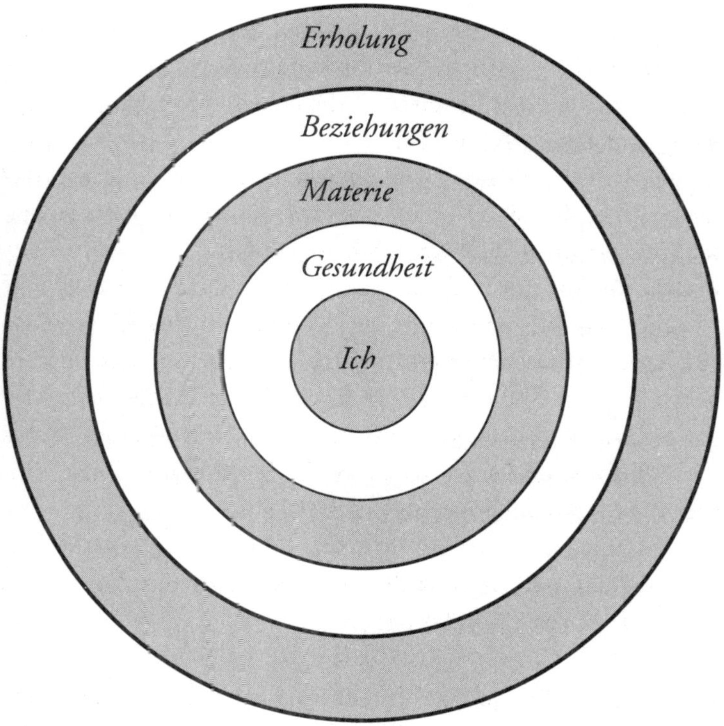

Stellen Sie Ihr Ziel nie über sich selbst und Ihr eigenes Wohlergehen. Sie sind wichtig und müssen ein Leben führen, das diesem Faktum entspricht, sonst kann das Universum Sie nicht rücksichtsvoll behandeln. Alles beginnt mit Selbstachtung. Machen Sie es sich zur Regel, sich nicht mehr mit anderen zu vergleichen. Vergleichen Sie sich vielmehr damit, wo Sie in der Vergangenheit standen und wie Sie damals waren. Die Frage ist:

Lernen Sie auf Ihrer Reise in Richtung des Ziels dazu? Ziehen Sie Lehren aus Ihren Erfahrungen? Gehen Sie mit Herausforderungen auf eine Weise um, die Sie stärker macht? Werden Sie als Mensch liebevoller – jemand, der mehr lächelt, mehr genießt, offener ist? Von jetzt an sind *Sie* das Hauptziel, und der Rest ist zweitrangig. Nicht unwichtig, aber zweitrangig. Er ist die Kulisse, in der Sie das Spiel »Leben« spielen.

Prägen Sie sich dies mit der *Secret*-Technik in jede Zelle ein: Zeigen Sie mit dem rechten Zeigefinger auf Ihr Herz, legen Sie Ihre linke Hand auf die Stirn und sagen Sie:

> **»Ich erkenne jetzt mehr als je zuvor, dass mein Wohlergehen wichtiger ist als jedes Ziel, worin auch immer es bestehen mag. Ich bin wichtig und verpflichte mich fortan, in allem, was ich tue, entsprechend zu handeln!«**

Atmen Sie jedes Mal, nachdem Sie das gesagt haben, mindestens dreimal langsam ein und aus, bis Sie die Botschaft und das Gefühl voll und ganz in sich aufgenommen haben.

Positive geistige Nahrung

Mentaltraining Stufe 7

Wir haben schon viel erreicht; Sie haben schon etwa zwei Drittel des Buches durchgearbeitet. Herzlichen Glückwunsch – das ist hervorragend! Und wenn Sie zusätzlich damit begonnen haben, die Übungen durchzuführen, ist dies das Allerwichtigste, was Sie für sich tun können. Ihren Geist zu schulen, ist eine Notwendigkeit, fast vergleichbar mit dem Programmieren Ihres Computers mit der Software, die Sie regelmäßig benutzen wollen.

Wir kommen jetzt zurück zum Coaching von Roxane:
»Ich war ein aufmüpfiger, bockiger Teenager und wurde zu zahlreichen Psychologen geschickt, die mir dann die Diagnose ›Borderline-Störung mit Depressionen‹ stellten. Lange Zeit konsumierte ich Drogen, Alkohol, Zigaretten und trieb mich auf Partys herum. Zweimal versuchte ich mich umzubringen, als extreme Möglichkeit, auf mich aufmerksam zu machen.
Ende 2004 war ich als Beifahrerin in einen schweren Autounfall verwickelt, und seitdem habe ich ziemliche Angst davor, in einem Wagen zu sitzen. 2005 schickte mich meine Mutter zu meinem Vater nach Hongkong, um mich aus meinem bisheri-

gen Umfeld herauszuholen. Mein Vater wohnte mitten in der Natur, direkt am Strand; der Gedanke war, dass es mir guttun würde, mich dorthin zu schicken. Es sollte für drei Monate sein, aber ich blieb schließlich neun. Während dieser Zeit lernte ich, mich selbst als meine beste Freundin zu sehen, und das gelang mir irgendwann recht gut. Dort stieß ich auch auf Dein Buch und beschloss, an der ›Be the Best You Can Be Academy‹ teilzunehmen; also begab ich mich zurück in die Niederlande.

Vieles hat sich inzwischen aufgelöst, aber noch nicht alles. Noch immer habe ich eine starke Sucht nach Zucker, die mit 13 Jahren begann, und ich rauche immer noch. Ich komme mit Stille oder mit Alleinsein nicht gut klar. Langeweile ist ›tödlich‹, und ich habe eine Neigung, das Leben als sinnlos zu betrachten, weshalb ich ständig auf der Suche nach Spaß bin und Pflichten scheue. Es ist für mich unmöglich, Liebe zu geben, und ich bin immer noch ziemlich egoistisch. Ich lebe nicht wirklich gesund, aber ich weiß durchaus, wie das ginge; bin nur zu faul, die Veränderungen durchzuziehen.

Ich habe heute einen Freund, der so gut wie perfekt ist, aber ich kann damit nicht umgehen. Er nervt mich, ich kritisiere ihn jeden Tag, und ich bin nicht sicher, ob das mein eigener Spiegel ist oder ein tief verwurzelter Hass auf Männer.«

Belassen wir es vorerst an diesem Punkt dabei – eine recht heftige Herausforderung also. In unseren Sitzungen zeigte sich, dass Roxane noch immer ziemlich negativ von sich selbst spricht. Sie trifft ein paar Feststellungen, als handele es sich um feststehende Tatsachen: »Ich komme mit Stille oder mit dem Alleinsein nicht gut klar …Ich komme mit Langeweile nicht klar; Langeweile ist tödlich … Es ist für mich unmöglich, Liebe zu geben … Ich scheue Pflichten … Ich bin ganz schön egoistisch … Ich bin faul, wenn es um meine Gesundheit geht … Ich kann mit meinem Freund nicht gut umgehen.«

Wenn sich Roxane ändern und das Leben Ihrer Träume erschaffen will, wird sie zunächst etwas daran ändern müssen, was sie sagt und denkt. Eine Zwischenphase könnte darin bestehen, das Folgende zu sagen: »Allein zu sein oder zu schweigen, ist für mich eine Herausforderung, die ich aber bald meistern werde … Ich bin dabei, zu lernen, mit Langeweile klarzukommen … Ich lerne gerade, wie ich mehr Liebe geben kann … Ich übernehme mehr und mehr Verantwortung im Hinblick auf meine Verpflichtungen … Ich arbeite daran, weniger egoistisch zu sein … Ich nehme meine Bequemlichkeit in Sachen Gesundheit immer mehr ernst … Ich schätze meinen Freund zunehmend dafür, dass er gut mit mir umgehen kann.«

Sie müssen Ihren Geist mit den Informationen versorgen, die Sie dorthin führen werden, wohin Sie wollen. Bestimmte Worte werden Sie nie wieder benutzen wollen; ersetzen Sie sie durch positive Worte, die Ihren Geist aktiv werden lassen, um mehr aus Ihrem Potenzial herauszuholen.

Dies sind die drei wichtigsten Kategorien für positive geistige Nahrung:

1. über die Vergangenheit reden;
2. über die Gegenwart reden;
3. über die Zukunft reden.

Betrachten wir eine nach der anderen etwas näher.

Über die Vergangenheit reden

Die Vergangenheit ist Ihre Geschichte. Sie müssen sie in eine Geschichte transformieren, die Sie stimuliert und Ihnen Macht verleiht. Ihre Geschichte sollte für Sie nicht mit Schmerz oder Unbehagen verknüpft sein.

Wenn also zum Beispiel jemand vom eigenen Stiefvater missbraucht wurde, wie ließe sich das »transformieren«? Die Betreffende könnte zum Beispiel sagen: »Mein Stiefvater war ein Mann, der meine Grenzen nicht respektierte. Das hat mich in meiner Klarheit gestärkt und mir gezeigt, was für mich richtig ist und was nicht.«

Für das Gesetz der Anziehung ist es sehr wichtig, dass Sie sich nicht mehr als Opfer dessen empfinden, was in Ihrer Vergangenheit passiert ist. Solange Sie sich als Opfer erleben, liegt noch Arbeit vor Ihnen – oder Ihre Geschichte wird Ihre besten Bemühungen sabotieren. Sie müssen von einem Ort der Neutralität kommen. Das ist absolut wichtig. Außerdem ist es notwendig, jedem zu vergeben, der Ihnen jemals etwas angetan hat. Sie vergeben nur aus einem Grund: um sich von der Vergangenheit zu lösen, damit sie keine Auswirkung mehr auf die Energie dessen hat, was Sie anziehen.

Was tun, wenn Ihnen etwas auch weiterhin zu schaffen macht? Kommen wir wieder zurück zu Roxane, die als Mädchen körperlich missbraucht wurde. In Ihren eigenen Worten:

»Ich denke, dieses Ereignis war der Beginn einer langen Pubertät voller Schwierigkeiten mit Männern und Sexualität. Ich suchte mir die falschen Jungs aus, mit denen ich zusammen war – Jungs, die körperlich und auf der geistigen Ebene übel mit mir umsprangen, aber ich verfuhr mit ihnen nicht anders. Mit neunzehn hatte ich wieder einmal einen ›falschen‹ Freund; er hatte mit Drogen zu tun. Ich machte mit, und im Rausch drehte ich völlig durch. Danach schickte mich meine Mutter zu meinem Vater nach Hongkong. Erst als ich vollständig vergab, lief es besser für mich und ich suchte nach Wegen, mein Verständnis des Lebens zu vertiefen.«

Wichtig ist es, zu beachten, dass Roxane die falschen Freunde anzog, da das dem Gesetz der Anziehung entspricht. Solange Sie keinen Frieden mit sich selbst schließen, bleiben Sie in denselben Mustern stecken. Ich gab Roxane die folgenden Sätze, mit denen sie arbeiten sollte: »Ich verzeihe mir, dass ich nicht stark genug war, für mich selbst einzutreten, und ich verzeihe mir, dass ich es zugelassen habe, benutzt und missbraucht zu werden. Ich verzeihe meiner Mutter, die es als Mitwisserin duldete, dass er [der Täter] seine Macht missbrauchte, und ich verzeihe meiner Mutter, dass sie mir nicht zur Seite gestanden hat und sie mir von daher das Gefühl gab, ich wäre nicht wichtig genug!«
Während Roxane das äußerte, sollte sie mit ihrem rechten Zeigefinger auf ihr Herz zeigen, ihre linke Hand auf ihre Stirn legen und jedes Mal, wenn sie die Sätze vor sich hin sprach, dreimal langsam ein- und ausatmen. Sie musste diesen Vorgang so lange wiederholen, bis es sich richtig anfühlte – bis sie sich selbst in dieser Situation mit Neutralität betrachten und beim Gedanken an den Täter vollkommen neutral bleiben konnte.

Ihre Hausaufgabe
Was brauchen Sie noch, um die Vergangenheit loszulassen? Welchem Teil Ihrer Geschichte stehen Sie noch immer nicht neutral gegenüber? Schreiben Sie ihn auf und arbeiten Sie so lange daran, bis Sie damit vollkommen abgeschlossen haben. Konsultieren Sie bei Bedarf einen Coach, der Ihnen helfen kann.

Über die Gegenwart reden
Es ist klar, dass Sie Ihre Vergangenheit entweder völlig neutral erleben müssen oder als etwas, das sie motiviert. Die Tatsache, dass das Geld in unserer Familie mit acht Kindern immer knapp war, hat mich zum Beispiel dazu motiviert, mehr Geld zu verdienen als mein Vater, sodass meine Kinder das nie erleben müssten.

Im Lauf der Zeit haben wir uns oft Sätze und Redewendungen angewöhnt, die nicht hilfreich sind. Erstes Beispiel: Wenn Sie jemandem begegnen, der Ihnen die Frage stellt: »Wie geht's?«, könnten Sie antworten: »Ich kann nicht klagen.« Doch das ist für die Zellen Ihres Körpers negative Energie und sorgt für negative Schwingungen, die Sie aussenden. Bevor Sie wissen, wie Ihnen geschieht, *haben* Sie dann Grund zu klagen! Eine viel bessere Antwort heißt: »Ganz prima, ich kann wirklich dankbar sein – ja, ich bin gesegnet!« Können Sie sich vorstellen, welche Art von positiven Schwingungen Sie ins Universum entsenden und was Ihnen begegnen wird? Was das Universum Ihnen dann seinerseits schickt, ist natürlich wiederum noch viel mehr, das Ihnen Anlass zur Dankbarkeit gibt.

Zweites Beispiel: Bei Ihnen ist am Arbeitsplatz sehr viel los, Sie stehen enorm unter Stress. Man fragt Sie, wie es Ihnen geht, und Sie stöhnen: »Ich schaff das nicht; das nimmt ja nie ein Ende, der absolute Frust!« Wissen Sie, was Sie damit anziehen? Entweder Sie bekommen noch mehr zu tun, oder Sie verlieren bald Ihren Job, weil Sie sich ein Burn-out-Syndrom zuziehen. Eine viel bessere Antwort heißt: »Ich habe mir eine Menge Arbeit manifestiert, und jetzt lerne ich, sie besser zu bewältigen und mühelos sowie mit Gelassenheit erfolgreicher zu werden!«
Drittes Beispiel: Nach einer besonders stressigen Zeit sind Sie erkältet, aber es wartet viel Arbeit auf Sie. Sie könnten jetzt sagen: »Ich bin krank und fühle mich elend – ich will hoffen, dass das bald wieder vorbei ist, sonst ertrinke ich noch in liegen gebliebener Arbeit!« Oder Sie können sich sagen: »Mein Körper nimmt sich jetzt eine Auszeit. Ich habe zu viel gearbeitet und meine eigenen Grenzen nicht respektiert. Ich gehe aber davon aus, dass mich diese Erfahrung klüger gemacht hat und dass ich das richtige Maß finde, wenn ich wieder zu arbeiten beginne.«
Jetzt sagen Sie vielleicht, dass Sie sich damit ja selbst etwas vormachen, aber das ist eine Frage des Standpunkts. Wenn Sie sich das Gesetz der Anziehung näher betrachten, werden Sie feststellen, dass Sie immer dann den Wind in den Segeln haben, wenn Sie es verstehen, positiv mit sich selbst und anderen zu reden.

In diesem Zusammenhang will ich noch Folgendes betonen:

1. Reden Sie nie, nie, nie negativ über sich selbst. Sprechen Sie mit Respekt von sich und trauen Sie sich, stolz darauf zu sein, wer Sie sind und wofür Sie stehen. Das kann man lernen. Ziehen Sie sich nie mit dummen Kommentaren

herunter wie: »Ach, ich schon wieder ... Immer muss ich so ein Chaos anrichten ... Wie ungeschickt von mir ... Ich habe zwei linke Füße ... Ich tauge zu gar nichts ... Nichts gelingt mir ... Gut, dass ich kein Hirn habe, ich bin auch so eine Gefahr für die Menschheit ... Ich bin wertlos ...«

2. Verwenden Sie keine negativen Worte wie: »Ich *probier's* mal« (statt »Ich *tue* es«), oder: *»Mal sehen, ob ich das hinbekomme«* (statt *»Ich werde mein Bestes geben«*), oder: *»Ich fürchte,* ich kann das im Moment nicht übernehmen« (statt »Tut mir leid, im Moment bin ich voll ausgebucht, das übernehme ich nicht«). Auf diese Weise wird aus »Ich habe versagt« eine interessante neue Erfahrung, die mich viel gelehrt hat.
3. Gratulieren Sie sich selbst und anderen möglichst oft für bereits Erreichtes. Zum Beispiel: »Das habe ich supergut hinbekommen ... Das kann ich richtig gut und ich tue es auch gern ... Ich bin total stolz, weil ich das gemacht habe ... Ich bin sehr zufrieden mit mir und mit der Art, wie ich das angehe ...«
   Zeigen Sie auch anderen deutlich und oft Ihre Wertschätzung. Lernen Sie, es zu bestätigen, wenn etwas gut läuft. Auf diese Weise ziehen Sie weiterhin Gutes an. Sie können sogar das Universum wertschätzen. Wenn Sie Kleingeld auf der Straße finden, heben Sie es auf, danken Sie dem Universum für diese Gabe und erklären Sie, dass mehr davon sehr willkommen ist.

Über die Zukunft reden

Es ist wichtig, dass Sie im Hinblick auf Ihre Zukunft positiv bleiben und das Gute sehen, das zu Ihnen kommt. Werden Sie zum ewigen Optimisten. Selbst wenn Sie bei etwas Pech haben: Richten Sie den Blick auf das Positive.

Anfang dieses Jahres hatte ich einen ziemlich heftigen Autounfall, bei dem ich einen anderen Wagen rammte. Mir wurde klar, wie viel Glück ich gehabt hatte, dass ich dabei nicht in den Gegenverkehr geschleudert wurde. Ich war dankbar und froh, dass niemand ernsthaft zu Schaden kam und dass nur die Karosserie beschädigt wurde.

Kurz nach diesem Zwischenfall war ich in Deutschland unterwegs, und ein Stück Metall prallte vorne gegen meinen Wagen. Auch hier empfand ich wieder Dankbarkeit – dafür, dass das Metallstück nicht durch die Windschutzscheibe geschlagen war, denn das wäre viel gravierender gewesen. Ich meditierte aber durchaus über den tieferen Sinn dieser beiden Autounfälle, und die Botschaft war klar: Ich musste einen Gang herunterschalten. Ich war in meinem Leben zu sehr auf der Überholspur unterwegs und war den Folgen dessen, was ich da manifestierte, nicht mehr gewachsen.

Malen Sie sich Ihre Zukunft immer als die beste aus, die Sie sich vorstellen können. Sehen Sie sie vor sich, halten Sie sie sich ständig vor Augen. Es spielt keine Rolle, was sich in den Weg stellt: Sehen Sie unbeirrt weiter das Positive, selbst wider »besseres« Wissen. Auf diese Weise aktivieren Sie maximal das Gesetz der Anziehung und werden ein Meister im Manifestieren.

Wie Sie unschwer erkennen werden, ist dies ein wirkliches Training, das dazu angetan ist, Ihren Geist dazu zu bringen, das Gesetz der Anziehung optimal zu nutzen. Das wird Sie definitiv viel weiter bringen, als wenn Sie herumjammern und pessimistisch sind. Es ist wissenschaftlich erwiesen, dass Optimisten viel länger leben als Pessimisten; sie gewinnen dadurch mit Leichtigkeit 20 Jahre hinzu (genauer gesagt: 20 Jahre bei besserer Lebensqualität!). Länger zu leben ist jedoch weniger von Interesse als eine höhere Lebensqualität und viel mehr Spaß im Leben, und darum geht es mir. »Verlernen« Sie, negativ eingestellt zu sein!

Fallbeispiel

2004 nahm Pedro an einem meiner Workshops teil, dem »Energie-Seminar«. Ich unterrichte dieses Seminar zusammen mit meinem Freund Roberto Re, einem in Italien lebenden Coach und Motivationstrainer. Beim Energie-Seminar lernte Pedro, mit seinen Emotionen und Gedanken umzugehen. 2005 traf ich Pedro dann wieder. Mittlerweile war er selbst Coach, hatte sich komplett verändert, 15 Kilo abgenommen, rauchte nicht mehr und sah fantastisch aus. Er kam zu mir, um sich zu bedanken, und sagte, dass die »geistige Nahrung« *(Mind Food)* seine Welt verändert habe. Bei meinem Workshop war er zu dem Entschluss gelangt, nicht mehr wie ein »Verlierer« zu reden, sondern wie ein »Gewinner«. Anstatt zu klagen, würde er positiv und dankbar sein. Er bat alle seine Freunde um Unterstützung und instruierte sie, ihn ohne mit der Wimper zu zucken darauf hinzuweisen, wenn er negativ, pessimistisch oder schlecht von sich selbst zu reden begann. »Das hat nicht nur mein Leben verändert«, sagte er, »sondern auch meine gesamte Umgebung.

Auch in meinem Freundeskreis ist man jetzt viel positiver, und vier Freunde von mir haben ebenfalls das Energie-Seminar besucht.«

Ich fragte ihn, wie er es geschafft habe, sein Gewicht zu halten, obwohl er gleichzeitig das Rauchen aufgab, und Pedro antwortete: »Anfangs war das nicht leicht, aber ich bin eben ein Siegertyp, also werde ich mit allem fertig. Jeden Morgen stehe ich auf und trete in meine neue Identität als Siegertyp, dann plane ich meinen Tag. Ich sehe mich als Meister im Wettkampf, der mit allem klarkommt, und das war auch die Einstellung, mit der ich meine Sucht nach Zigaretten und Nudeln besiegt habe. Ich habe vorher einfach mehr gegessen, als ich brauchte. Aber jetzt, mithilfe meiner neuen Einstellung und meiner Kenntnis der entsprechenden Akupressurpunkte, schaffe ich alles!«

Wie aus jedem Prozess eine positive Erfahrung wird

Mentaltraining Stufe 8

Wir haben uns inzwischen mit dem Training wirklich weit vorgearbeitet und wollen uns nun geistig auf das Gesetz der Anziehung einschwingen. Ihnen dürfte bereits aufgefallen sein, dass Sie in Ihrem Leben mittlerweile achtsamer geworden sind und dass Ihre Sinne wacher sind. Der Zweck des Ganzen ist, dass Sie wirklich zu leben beginnen. Hören Sie deshalb auch mindestens einmal am Tag die Begleit-CD *The Missing Link.* Die beste Zeit dafür ist vor dem Einschlafen oder in der Stunde vor dem Aufstehen. Positive geistige Nahrung haben wir ja schon erwähnt; Sie können das nun auch auf Ihr Leben anwenden. In diesem kurzen Kapitel möchte ich diesen Gedanken ein wenig näher ausführen und sicherstellen, dass Sie ein noch stärkerer Magnet für das Gesetz der Anziehung werden. Dieses Geheimnis habe ich auch an Roxane weitergegeben – sie wird es dazu nutzen, ihr Leben von Grund auf zu transformieren.

Emotionen

Fakt ist, dass jeder Mensch Gefühle hat. Einige glauben, sie reagierten emotionaler als andere; andere wiederum glauben, sie hätten gar keine Emotionen. Es spielt keine Rolle. Wir alle spüren Impulse, die von unserer Umgebung ausgehen oder unserem eigenen Geist entspringen (bewusst oder unbewusst), und reagieren auf sie. Ich habe mich mehr als 20 Jahre lang mit Emotionen befasst; das spiegelt sich im Titel einiger Bücher von mir: *Emotional Balance* (dt. *Emotionale Balance*), *Emotional Fugitive*, *Free of Fear* etc. Außerdem habe ich entsprechende Workshops entwickelt. Sie können sagen, dass ich Fachmann in Sachen Verarbeitung und Bewältigung von Emotionen bin. Da Sie das nun wissen, überrascht es Sie vielleicht, was ich Ihnen gleich sage:

Beachten Sie Ihre Emotionen nicht weiter – betrachten Sie sich die Prozesse, die ihnen zugrunde liegen.

Die Emotionen sind nicht sehr interessant – wichtiger ist es, herauszufinden, in welchem *Prozess* Sie gerade stecken. Im Rahmen dieses Buches kann ich nicht ausführlich auf Details eingehen. Ich werde Ihnen allerdings genügend Tipps geben, mit deren Hilfe Sie Ihre Emotionen in Kraft umwandeln können.

Nehmen wir einmal an, Sie seien wütend, weil Ihr(e) Partner(in) zu spät zum Abendessen kommt, und das schon zum dritten Mal in diesem Monat. In dem Moment, da sich in Ihnen ein Gefühl regt, sollten Sie nachspüren, welcher *Prozess* dem Ganzen zugrunde liegt. Es könnte sein, dass Sie gerade im Begriff sind, akzeptieren zu lernen, dass Ihr Partner die eigene Arbeit wichtiger findet als das Abendessen mit Ihnen zu Hause. Sie können daraus ein Riesendrama machen oder es berücksichtigen. Sobald Sie den Prozess verstehen, können Sie auch anders

mit ihm umgehen. Sie können entweder auf dem beharren, was Sie wollen, oder Sie können Verständnis aufbringen für das, was Ihr Lebensgefährte gerade durchlebt.
Ihre Emotionen hängen von Ihren eigenen unabgeschlossenen Prozessen aus der Vergangenheit ab. Es könnte auch sein, Ihr Prozess besteht darin, dass Sie sich missachtet fühlen, wenn jemand anderes seine Seite einer Abmachung oder eine Verabredung nicht einhält. Das geht auf unabgeschlossene Prozesse in der Vergangenheit oder in Ihrer Kindheit zurück. Wenn Sie den Prozess verstehen, zum Beispiel, dass Sie sich nicht geachtet fühlen, können Sie ihn sich ansehen und erkennen, dass er nichts mit Achtung zu tun hat, sondern damit, dass Sie sich von jemandem, der zu spät kommt, nicht geachtet fühlen. Und das ist der Punkt, an dem Sie zulassen, den Prozess persönlich zu nehmen, und nicht wahrnehmen, dass die Prozesse, die bei Ihrem Gegenüber ablaufen, das Zuspätkommen bewirken und dass dies nie gegen Sie gerichtet ist. Schließlich werden Sie verstehen, dass alles, was geschieht, durch Unabgeschlossenes aus der Vergangenheit angezogen wird, sei es aus Ihrer eigenen Vergangenheit oder der des anderen. Wenn Sie erneut darauf anspringen, werden Sie damit die unerwünschten Emotionen aufrechterhalten. Wenn Sie jedoch nach den ursächlichen Prozessen forschen, dringen Sie zu einer tieferen Schicht vor und gewinnen tiefer gehende Erkenntnisse über sich selbst.

Meine eigene Geschichte zum Thema Respekt

Ich habe vier Brüder und drei Schwestern. Einer meiner Brüder arbeitete mit mir gemeinsam in einer Praxis. Wir trafen uns regelmäßig, um alles Anstehende zu besprechen, aber er hatte die Angewohnheit, zu spät zu kommen und dann so zu tun, als sei nichts geschehen. Einmal kam er sogar eineinhalb Stunden zu spät, obwohl ich ihn dreimal anrief, um sicherzustellen, dass er pünktlich sein würde. Ich kochte vor Wut, fühlte mich missachtet und gedemütigt. Zwar hatte ich die Zeit effizient für anderes genutzt, aber der Gedanke, dass er mich wieder einmal nicht ernst genommen hatte, machte mich wütend. Als er schließlich eintrudelte, erklärte ich ihm ganz ruhig, dies sei das letzte Mal gewesen, dass ich auf ihn gewartet hatte. Falls er noch einmal zu spät käme, und seien es auch nur 5 Minuten, würde die Besprechung ins Wasser fallen. Seitdem kommt mein Bruder pünktlich zu Verabredungen. Vor einer Weile nahmen er und ich bei einem Personaltrainer Privatstunden in einer russischen Fitness-Technik. Wir fingen immer um 9.00 Uhr an, aber mein Bruder war schon um 8.15 Uhr da. Manchmal geht es im Leben darum, dem Universum aufzuzeigen, wo für Sie eine Grenze ist beziehungsweise was Sie akzeptieren und was nicht; auch das ist das Gesetz der Anziehung. Teilen Sie klar und deutlich mit, was Sie wollen.

Prozess / Erfahrung: abgeschlossen oder unabgeschlossen

Ist ein Prozess abgeschlossen, wird er zur Erfahrung. Falls die Erfahrung nicht positiv ist, bedeutet das, Sie haben sie noch nicht vollständig verarbeitet: Ein neuer Prozess wird in Gang kommen, um dies nachzuholen.

Wenn jemand zum Beispiel vergewaltigt wurde, so kann die betreffende Person das als negative Erfahrung betrachten, was bedeutet, dass sie gegenüber der Erfahrung nicht neutral ist; das Erlebnis ruft in ihr Emotionen wach, da sie mit dem Prozess noch nicht abgeschlossen hat. Indem sie dem Vergewaltiger verzeiht und loslässt, wird die Erfahrung neutralisiert (sie ist mit nichts mehr besetzt).

Sie wandeln etwas in eine positive Erfahrung um, wenn Sie daraus gelernt haben oder erkennen, was es Ihnen gebracht hat. Warum ist es wichtig, das zu wissen? Weil sich Unerledigtes auf das Gesetz der Anziehung auswirkt; von daher laufen Sie Gefahr, sich immer wieder ähnliche Situationen zu erschaffen. Betrachten Sie sich all die Frauen, die immer wieder ungeeignete Partner anziehen. Dafür gibt es viele berühmte Beispiele – schauen Sie sich allein die Film- und Fernsehstars an.

Es liegt an uns, mit Prozessen zum Abschluss zu kommen, damit aus ihnen positive Erfahrungen werden. Das lehrt Sie, dass es keine Fehlschläge gibt und dass das, was wir als Scheitern wahrnehmen, eigentlich eine interessante Erfahrung ist, die uns eine Menge lehren kann. Unsere größten Misserfolge können unsere hilfreichsten Erfahrungen werden, aus denen wir am meisten lernen.

Sie müssen auf Ihrem Weg zum Ziel lernen, wieder aufzustehen, falls Sie hingefallen sind. Wie Sie fallen, entscheidet darüber, wie viel Energie Sie haben, um wieder auf die Beine zu kommen. Kinder lernen laufen, indem sie immer wieder hinfallen und aufstehen. Bislang hat noch jedes Kind ohne körperliche Behinderungen das Laufen gelernt; kein Kind gibt auf, nachdem es hundertmal hingefallen ist. Die gleiche Einstellung müssen auch Sie entwickeln. Ihre Vergangenheit entscheidet nicht über Ihre Zukunft, sondern verleiht Ihnen die Flügel, in Ihre Zukunft zu fliegen. Dann haben Sie Ihre Erfahrung in Kraft verwandelt!

Hausaufgabe

Schreiben Sie Ihre unabgeschlossenen Erfahrungen auf und ergründen Sie die tieferen Prozesse, die ihnen zugrunde liegen. Arbeiten Sie so lange damit, bis aus dem Prozess eine positive Erfahrung geworden ist.

Hier ein paar Fragen, die Sie stellen können:

1. Was habe ich daraus gelernt?
2. Worin besteht das Geschenk, das ich noch nicht sehe?
3. Wie hat das mein Leben positiv beeinflusst?
4. Wie hat mich das stärker gemacht?
5. Was kann ich sonst noch daraus machen?

Das Allerschwierigste: Handeln oder abwarten?

Mentaltraining Stufe 9

Ich persönlich hatte zu lernen, wann Handeln gefragt ist und wann es abzuwarten gilt. Heute halte ich einmal im Jahr auf den Malediven mit meinem Freund Roberto Re einen Workshop ab, in dem es darum geht, die Sprache des Universums zu erlernen *(Deep Coaching)*. Er hilft den Teilnehmenden, mit ihren Geistführern, dem Universum und ihrem Höheren Selbst zu kommunizieren. Wann sollten wir also etwas tun und wann sollten wir warten?

Um diese Frage beantworten zu können, müssen wir uns einmal das Wort »Intuition« näher ansehen. Intuition bedeutet einfach, etwas zu »wissen«, das man über den Verstand oder das Gefühl nicht wissen kann. Die Intuition reagiert blitzschnell; sie ist etwas schwer Greifbares, und Ihr logisch denkender Verstand sowie Ihre Gefühle mögen sich mitunter absolut nicht mit ihr decken. Sie müssen lernen, sich nach Ihrem Instinkt, diesem »Urwissen«, zu richten und ihm zu vertrauen. Dann kann er zu einer Art unfehlbarem Kompass werden, der Sie an die Orte schickt, wo Sie die beim Universum bestellten Pakete abholen können.

Kann man Intuition »erlernen« oder wird man damit geboren? Wir alle haben sie – das Traurige ist nur, dass wir »verlernt« haben, von ihr Gebrauch zu machen.

Intuitionsübungen

Ich vermittle Ihnen hier ein paar Übungen, um Ihre Intuition zu stärken:

Das Telefon klingelt – spüren Sie, bevor Sie den Hörer abnehmen, zunächst einmal nach, wer Ihnen dabei zuallererst in den Sinn kommt. Nehmen Sie erst dann ab.

Die Post landet im Briefkasten – greifen Sie nach dem Stapel und spüren Sie, worum es sich handelt.

Sie hören ein Fahrzeug auf der Zufahrt zu Ihrem Haus – fragen Sie sich, wer das sein könnte.

Sie checken Ihre E-Mails – aber bevor Sie das tun, spüren Sie nach, wer Ihnen als Erstes in den Sinn kommt.

Denken Sie intensiv an jemanden und schauen Sie, ob Sie spüren, was mit dem oder der Betreffenden gerade los ist. Rufen Sie dann dort an, um es zu überprüfen.

Sie sehen überall Delfine (oder ein anderes Symbol oder Zeichen) – fragen Sie sich, was das bedeuten könnte.

Zeichen des Universums

Das Universum gibt uns unablässig Zeichen und kommuniziert mit uns. Die Frage ist: Verstehen wir es?

Manchmal ist es einfach. Sie sind auf dem Weg nach Hause, und plötzlich hoppelt ein Kaninchen quer über die Straße, was noch nie zuvor passiert ist. Dann sollten Sie sich Gedanken machen, was dieses Kaninchen für Sie bedeutet. Vielleicht fällt Ih-

nen ein, dass Sie als Kind Kaninchen hatten und dass die Tiere Ihre besten Seelentröster waren. Und Ihnen wird klar, dass Sie eine Traurigkeit in sich tragen, die Sie bislang ignoriert haben.
Sie müssen wissen, dass es keine Zufälle gibt und dass das Universum weitaus intelligenter ist als wir alle zusammen. In diesem Buch werde ich auf diesen Punkt nicht tiefer eingehen. Ich will Ihnen nur zeigen, dass Zeichen existieren, damit Sie mehr auf sie achten. Ich habe ein Buch darüber geschrieben, wie die Engel mit mir kommunizierten – das heißt zumindest, wie ich es interpretierte, was keineswegs irgendeinen Beweis dafür darstellt, dass es Engel wirklich gibt. Das Buch trägt den Titel *Von Engeln umgeben* und zielt darauf ab, etwas zu diesen Zufällen (Synchronizität) zu vermitteln und mitzuteilen, was Sie mit ihnen anfangen können. Meiner Meinung nach sind Engel universelle Archetypen, die einen reinen, hilfreichen Teil des göttlichen Funkens in uns selbst darstellen. Fürs Erste ist es am wichtigsten, daran zu denken, dass Sie Augen und Ohren offen halten und alles näher ergründen müssen, was wie ein Zufall aussieht oder etwas mit Ihnen zu tun hat.
Ich selbst konnte meine eigene Intuition durch Meditationsübungen noch stark weiterentwickeln. Ich höre praktisch jeden Tag Meditations-CDs. Hören Sie sich regelmäßig die CD *The Missing Link* an – dann werden Sie bald besser wissen, wann es zu handeln gilt oder ob Abwarten momentan die bessere Alternative darstellt.

Spiritualität, Karma, Astrologie und »The Secret«

Oft werden die Schlagwörter »Spiritualität« und »The Secret« in einem Atemzug genannt. Ich wehre mich ernsthaft, das Wort »Spiritualität« so zu gebrauchen, da der Begriff so oft missbraucht wird. Viele Menschen haben eine dogmatische Meinung, wie es auszusehen hat, »spirituell zu sein«. Ich selbst sehe das viel lockerer, da ich glaube, dass alle Wege nach Rom führen: Was die eine Person also mit Beschränkung und Anspannung schafft, erreicht eine andere, während sie in vollen Zügen das Leben genießt. Ich glaube, dass Spiritualität davon bestimmt wird, wie der Körper funktioniert: Er kann mit chronischem Stress nicht umgehen und heilt sich dann selbst, indem er viel lacht, sich von Emotionen löst, sich mit Konflikten auseinandersetzt und klare Grenzen zieht. Die Menschen, die im Westen am längsten leben, sind jene, die am besten loslassen können. Maharishi Mahesh Yogi, der die Transzendentale Meditation (TM) in den Westen brachte, starb 2008 im Alter von 91 Jahren. Jean Calment, eine Französin, die nie meditierte, lebte 122 Jahre und 164 Tage lang. Sie war eine Meisterin im Loslassen und lachte viel.

Ich bin durchaus für Meditation (die innere Suche nach dem, wer Sie wirklich sind), und ich bin auch für Lebensgenuss – das ist meine Spiritualität.

In diesem Buch haben Sie gelesen, dass es besonders wichtig ist, *wer* Sie auf der Reise zu Ihrem Ziel werden. Werden Sie liebevoller, weiser und leichter (durch das Loslassen)? Falls ja, läuft alles bestens und ich bescheinige Ihnen hiermit ein »gutes Verhalten«.

Es ist nicht wichtig, ob Sie einen Ferrari oder einen Fiat fahren. Maharishi Mahesh Yogi, Osho und andere spirituelle Meister waren enorm reich, hingen aber kein bisschen am Geld. Sie verwendeten es dazu, viel Gutes für andere zu tun. Und von ihnen lernte ich: »Bitte um mehr, als du brauchst, denn dann bist du auch in der Lage, anderen zu helfen.« Fülle fließt über; sie verströmt. Wenn Sie glücklich und erfolgreich sind, möchten Sie auch erleben, dass andere glücklich und erfolgreich sind.

Bleibt also die große Frage: Was ist mit dem Karma? Gibt es bestimmte Zeitpunkte der Geburt, die dafür sorgen, dass unser Leben härter und schwieriger ist? Und was hat es mit der »Aufgabe der Seele« auf sich?
Diese und andere Fragen nahm ich mit zu meiner lieben Freundin Désirée te Nuijl, Medium und Astrologin, die an der Kunstakademie in Curaçao unterrichtet und mit beiden Füßen fest auf dem Boden steht. Ich war sehr beeindruckt von ihr, als ich auf Curaçao ein Radiointerview mit ihr erlebte. Auf der Basis von Tag und Stunde meiner Geburt sagte sie mir dabei Dinge über mich selbst, die so verblüffend genau zutrafen, dass ich eine Gänsehaut bekam. Ich lasse mich alljährlich von ihr beraten, um herauszufinden, welche Hindernisse und Stolpersteine vor mir liegen, damit ich weiß, wann ich mehr Gas geben und

wann ich eher ausruhen muss. Ihre Meinung ist mir wichtig, und so befragte ich sie auch zu diesem Buch. Außerdem schickte ich Roxane zu ihr (ihr Bericht dazu folgt an späterer Stelle).

Ich stellte Désirée die folgenden Fragen:

1. In welchem Umfang können die Möglichkeiten von jemandem durch die Ordnung »eingeschränkt« sein, die das Universum zum Zeitpunkt seiner Geburt aufwies?
Das Universum bietet uns nie da gewesene Möglichkeiten, die uns im Grunde alle in die Lage versetzen, uns das Leben zu erschaffen, das wir haben wollen – und doch ist der Moment der Geburt *kein* Zufall. Wir werden dann geboren, wenn die Planeten und ihre Energien mathematisch mit dem individuellen Karma der Seele harmonieren.
Diese Planetenkonstellationen, die auch durch den gewählten Ort und Zeitpunkt der Geburt bestimmt werden, geben uns Hinweise auf den Weg, den wir für uns gewählt haben. Sie stellen den Kurs und die Stromschnellen unseres Lebensflusses dar. Dieser von uns gewählte Fluss ist voll von wichtigen und bedeutungsvollen »zufälligen« Erfahrungen und Begegnungen. Er schlängelt sich durch die Landschaft, so richtig mit Stromschnellen und gefährlichen Felsen, die für die karmischen Lektionen stehen, die wir zu lernen haben.
Lektionen lassen sich in verschiedenen Bereichen des Lebens lernen. Der eine hat sich vielleicht dafür entschieden, im Leben die »Geldlektion« zu lernen. Immerzu mit dem Gleichgewicht zwischen inneren und äußeren Werten ringend, schippert er von einem Wasserfall zum nächsten.

Die Lektionen können auch im Bereich »Beziehungen« oder »Ich und die anderen« angesiedelt sein. Die betreffende Person erhält eine einzigartige Gelegenheit, etwas über sich selbst zu lernen und in Erfahrung zu bringen – die lichten Seiten wie auch die dunklen –, indem sie Beziehungen und kosmische Begegnungen eingeht und beendet.
Diese Wasserfälle machen uns oft Angst; einige mögen uns sogar beinahe zum Kentern bringen. Wir können diese von uns gewählten kosmischen Erfahrungen als »Beschränkungen« sehen – besser könnte es jedoch sein, sie als Herausforderungen zu begreifen, denen es sich zu stellen gilt.
Windet sich der Fluss, entzieht sich sein Lauf bald unserem Blick – wir wissen keinen Ausweg mehr. Wir können heulend am Ufer sitzen und denken: »Siehst du, für mich sollte das einfach nicht sein.« Wir könnten auch versuchen, klammheimlich einen Nebenfluss zu wählen, um die Stromschnellen zu umschiffen. Doch auch das wird nicht funktionieren, denn obwohl dieser Wasserlauf uns winzig vorkommt, werden wir mit Sicherheit auf einen Mega-Wasserfall stoßen, der uns eine noch wichtigere Erfahrung genau in dem Bereich des Lebens vermitteln wird, in dem wir Lektionen zu lernen haben. Da ist es schon besser, die Stromschnellen als eine Herausforderung wahrzunehmen und das Nötige zu lernen, damit wir am Ende mit großem Stolz darauf zurückblicken können, heil aus dem Ganzen herausgekommen zu sein. Juchhu, ein weiterer Baustein, um der Seele bei ihrem Wachstum zu helfen!
Auf diese Weise können wir einen Prozess und die entsprechenden Lektionen zum Abschluss bringen, um dann die enorme Euphorie zu erleben, die mit Freiheit verbunden ist. Der Le-

bensfluss wird wieder in Gang kommen und sich zu seiner nächsten Biegung auf und davon machen.
Von daher begrenzt uns das Universum keineswegs. Allerdings begegnen dem einen auf seinem Lebensweg mehr Herausforderungen als dem anderen. Der Trick besteht in der Art, wie mit ihnen umgegangen wird, und darin, unterwegs die richtigen Entscheidungen zu treffen.

2. Wie würdest du Karma beschreiben und wie wirkt es im Leben?
Wir reinkarnieren, um noch einmal zu erleben. Zum Zeitpunkt ihrer Reinkarnation hat jede Seele einen »Auftrag« mitbekommen, sodass sie neue Erfahrungen sammelt. Die betreffenden Erfahrungen sind karmischer Art, verweisen also auf Ursache und Wirkung unseres Denkens und Handelns. Unser karmischer Auftrag basiert auf unseren Erfahrungen in früheren Leben.
Sind wir als Menschen erst einmal reinkarniert, so vergessen wir jedoch innerhalb weniger Lebensjahre, welche Aufträge wir für uns selbst gewählt haben. Wir werden von der Familie beeinflusst, für die wir uns vor unserer Empfängnis entschieden haben, von unseren Eltern, der Schule, dem Land und der Kultur sowie von unserer Verbindung mit anderen Seelen. Hiervon beeinflusst und geprägt, denken, vergleichen und werten wir, was dafür sorgt, dass unsere Aufgaben immer härter werden. Das alles scheint absichtlich so; wir erreichen unser Ziel nicht, wenn wir uns nicht exakt diesen Erfahrungen stellen, die unsere Grundmuster überhaupt erst entstehen ließen.
Auf Grundlage vorheriger Leben wählen wir für uns spezifische Erfahrungen: Sie sorgen dafür, dass die Seele wachsen kann

und dass die Prozesse in diesem Leben zum Abschluss gelangen. Dem Gesetz von Aktion und Reaktion zufolge sind alle Erfahrungen auf unserem Lebensweg samt ihren späteren Konsequenzen karmische Erfahrungen.

Basierend auf einer Reihe von früheren Leben, wo wir – sagen wir einmal – viele Kinder zu versorgen hatten, erhalten wir jetzt die Chance, uns ein nächstes Leben ohne Kinder auszusuchen, das uns genug Zeit lässt, um an uns selbst zu arbeiten. In einem solchen Leben bleiben Paare oft kinderlos. Aufgrund ihrer unbewussten Erinnerung an das vorherige Leben ist der Wunsch nach Kindern für dieses Paar dann oft eine fundamentale Selbstverständlichkeit; keinen Nachwuchs zu bekommen, kann als ein herber Schlag erlebt werden. Ein solches Paar wird von daher tun, was immer ihm möglich ist, um sich den drängenden Kinderwunsch doch noch zu erfüllen. Oft durchlaufen beide eine schwierige Periode der Enttäuschung und Trauer. Diese tief gehenden, uns kasteienden Erfahrungen können als Tragödie, Leid und Schmerz bewertet werden – die Seele jedoch erfährt sie als Herausforderung, als etwas Erneuerndes, das unser Denken verändert.

Oft besteht der Zweck eines solchen Lebens darin, den Segen zu erfahren, sich selbst kennenlernen zu können, ohne die Ablenkung, sich um andere kümmern zu müssen. Ein solches Lebensziel für sich anzunehmen, kann sehr tröstlich sein und zu angenehmen Entscheidungsmöglichkeiten führen: etwa, seine Freiheit auszukosten oder die entstandenen Freiräume für eine Karriere zu nutzen – bis hin zu der völlig frei getroffenen Entscheidung, etwas zum Universum beitragen zu wollen und ein Kind zu adoptieren ... Die Wahl liegt bei jedem Einzelnen.

3. Sagen wir einmal, ich führe ein ruhiges, zurückgezogenes Leben, obwohl ich das Gefühl habe, zu etwas berufen zu sein. Was wären dann die Konsequenzen dieser Entscheidung? Und was meinst du: In welchem Umfang hat die Seele Einfluss auf die Entscheidungen, die wir fällen?

Wenn du den Eindruck hast, zu etwas berufen zu sein, bedeutet das, dass du Erfahrungen gehabt hast, bei denen du dachtest: »Upps, nicht jetzt, bitte!« Aber wenn wir die Seele so richtig zum Lachen bringen möchten, müssen wir als sterbliche Menschenwesen nur beginnen Pläne zu schmieden. Von daher wird der Versuch, vor unserem karmischen Ziel davonzulaufen, oft enttäuschend ausgehen.

Wir haben bei unserer Inkarnation daran mitgewirkt, und unsere Seele weiß genau, was wir tun müssen. Wer sich davor versteckt, wird bald merken, dass es nicht so läuft, wie man es sich ausgemalt hat: In dem Häuschen mit Gemüsegarten, wo du dich einfach dem süßen Nichtstun hingeben wolltest, wirst du ebenfalls mit deiner Berufung konfrontiert und lenkst Umstände auf dich, die dich geradewegs zu dem Weg zurückführen, den du bei deiner Inkarnation für dich gewählt hast.

4. Gibt es Menschen, die dazu geboren werden, unglücklich zu sein?

Die Erfahrungen, die wir uns als Bestandteil unseres Weges ausgesucht haben, sind nicht immer die schönsten. Um »Schönes« geht es in unserem Leben auch gar nicht, sondern darum, zu tun, was für uns richtig ist. Wir machen sogar Fotos der schönen Momente in unserem Leben, weil wir uns sonst nicht an sie erinnern. Von schwierigen Momenten brauchen wir keine

Fotos – die vergessen wir nicht, diese Erfahrungen sind in unserer Seele gespeichert und haben eine Transformation in Gang gesetzt.
In der Regel sind die »nicht so schönen« Lektionen genau jene, die uns klüger machen und uns helfen, uns menschlich wie auch als Seele weiterzuentwickeln, um so zu einer höheren Ebene zu gelangen.
Indem wir eine Erfahrung negativ als »Pech« bewerten und sie von daher zu vermeiden suchen, schneiden wir uns von dieser Erfahrung ab, und die Muster wiederholen sich. Deshalb machen Menschen immer wieder dieselben Fehler. Wenn sie die Erfahrung als etwas Negatives wahrnehmen und sie von daher nicht erfahren wollen, obwohl vorgesehen ist, dass sie sich der Herausforderung stellen, werden die Lektionen ihres Lebens härter und drastischer daherkommen. Eine gute Freundin von mir sagt immer: »Um dafür zu sorgen, dass wir auf unserem Weg bleiben, bewirft uns der Kosmos zuerst mit Kieselsteinen, dann mit Backsteinen und schließlich mit Pflastersteinen; dann kommen wir um die Erfahrung nicht mehr herum ...«
Wir können diese schweren Erfahrungen als »Pech«, »Unglück« oder »Unfälle« beschreiben und damit fortfahren, dieselben Fehler zu wiederholen. Oder wir können sie als Gelegenheiten begrüßen, dazuzulernen und zu wachsen.
Der Prozess eines »vom Pech Verfolgten« kann nur dann ein Ende finden, wenn er Rückschläge als Herausforderungen wahrnimmt und nicht mehr frustriert ist, weil etwas nicht gut läuft. So kann aus dem Pechvogel ein Glückspilz werden.

5. Was würde es für dein Leben bringen, deinen astrologischen Hintergrund zu kennen?

Es ist sehr erhellend, Einblick in unsere eigenen Grundmuster zu erhalten. Nützlich ist es auch, zu wissen, dass die Bewegungen der Planeten dafür sorgen, dass wir unseren Auftrag für unsere Zeit hier auf Erden nicht vergessen. Der Einfluss der planetaren Energie auf unser Grundmuster erzeugt immer wieder neue Erfahrungen, mit denen wir konfrontiert werden. Er erinnert uns auch daran, was zu uns gehört und was nicht und wer wir in Wirklichkeit sind. Von daher organisiert er unser Dasein neu.

Alles geschieht im Sinne des Ziels, das wir uns bei unserer Inkarnation gesetzt haben. Es ist schön zu sehen, welche energetischen Einflüsse uns erwarten. Steht zum Beispiel der Planet Uranus im Quadrat zu deinem Mond, dann kannst du dich auf eine erneuernde Erfahrung gefasst machen: Sie wird deine Emotionen betreffen oder das Loslassen von Menschen, um die du dich gekümmert hast, oder ein Sichlösen von Kritik, die du im Hinblick auf deine Fähigkeiten als Elternteil zu hören bekommen hast.

Dieses Wissen kann uns die Gelegenheit geben, die Muster zu verstehen und anders zu reagieren. Der Schmerz des Sichlösens von alten Emotionen und die Erneuerung von dem, was dazu gehört, kann dann wirklich als eine Erfahrung gesehen werden, weil du darauf vorbereitet bist.

6. Was rätst du Menschen, die sich das Gesetz der Anziehung effektiver zunutze machen wollen?

Wünsche werden wir immer haben, und das ist auch prima

so, denn ohne Wünsche keine Herausforderungen. Nehmen wir einmal an, das Gewünschte ist für dich erreichbar und entspricht dem, wofür deine Kapazitäten ausreichen. Geht ein Wunsch in Erfüllung, so sehen wir das ja oft als etwas Positives, als Erfolg. Geht er nicht in Erfüllung, erfahren wir das meistens als etwas Negatives, als Fehlschlag. Ich glaube, es ist wichtig, sich die Worte »Erfolg« and »Fehlschlag« näher zu betrachten.

Das menschliche Denken ist dualistisch geprägt, und Wünsche basieren leider oft auf Positiv- oder Negativwertungen, auf »gut« oder »schlecht«. Genauso bewerten wir – und andere – auch die Erfahrungen in unserem Leben. Oft wünschen wir uns etwas und haben das Gefühl, wir können es nicht so einfach bekommen. Das Einzige, was den kosmischen Fluss zum Stocken bringt, sind unsere eigenen Begrenzungen oder das, was wir als einschränkend wahrnehmen oder betrachten. Auf dem Weg zum Ziel werden wir definitiv auf einige dieser Einschränkungen stoßen – wir zahlen immer einen Preis dafür, unser Ziel zu erreichen. Uns begegnen Ängste oder alte Gedankenmuster, die sich auf frühere Erfahrungen – auch aus früheren Leben – stützen. Allein der Umgang mit einer Herausforderung dieser Art und die Überwindung dieser alten Muster und Ängste kann man als Riesenerfolge betrachten; selbst wenn du dein Ziel noch nicht komplett erreicht hast.

Manchmal kann es passieren, dass du das ersehnte Ziel nicht erreichst, weil du auf dem Weg dorthin bestimmte Prozesse durchlaufen hast. Du hast es dir etwa anders überlegt und bist jetzt zufrieden mit dem, was das Hier und Jetzt zu bieten hat. Auch das kannst du als Erreichen des Ziels betrachten, nur dass das Ziel von deiner Seele korrigiert wurde.

Damit bekommt das Wort »Fehlschlag« eine ganz neue Bedeutung. Wenn wir mit dem Endresultat dessen, was unser Leben uns bietet, zufrieden sind, erleben wir auch nie Fehlschläge, so begrenzt dieses Dasein auch wirken mag.
Mir begegnete einmal ein Mann, der in seinem Leben absolut keine Wünsche hatte. Er war schon vollkommen zufrieden, wenn er sein ganzes Leben auf der Couch vor dem Fernseher verbringen und dabei essen konnte. Er hatte beruflich nicht viel erreicht, wohnte noch bei seiner Mutter und erntete von allen Seiten missbilligendes Kopfschütteln. Er selbst aber war mit seinem Dasein äußerst zufrieden und tat nichts dafür, etwas zu ändern. Es ist schon bedauerlich, dass der dualistisch denkende Mensch dem sofort eine Negativwertung anhängt. Damals bildete ich hier keine Ausnahme. Dieser Mann lehrte mich aber, nie über andere zu urteilen, denn in einer Sitzung mit ihm sah ich sein früheres Leben.
In den Bildern, die mir kamen, sah ich ihn im Ersten Weltkrieg. Völlig abgemagert, bis auf die Knochen durchnässt und erbärmlich frierend, war er damit beschäftigt, seine Kameraden aus der Gefechtsszene zu retten und dabei dem Kugelhagel auszuweichen, der auf ihn niederprasselte. Er überlebte diese Szene nicht, sondern starb auf dem Schlachtfeld. Mittlerweile ist dieser Mann auch in diesem Leben tot; er starb an Übergewicht und einem Herzinfarkt. Er ist oft um mich herum, als weiser Freund, großartiger Mensch und eine alte Seele, die mir aus dem Jenseits Rat erteilt.
Es ist offensichtlich, dass so etwas nichts damit zu tun hat, was man beruflich macht oder wie »erfolgreich« man ist. Es hat vielmehr mit Erfahrungen aus früheren Leben zu tun und damit,

wie wir mit den Prozessen und Herausforderungen in diesem Leben umgehen wollen. Manchmal gibt es viele davon. Manchmal gönnt man uns eine Pause, und dann stopfen wir Hamburger in uns hinein und entwickeln dabei Weisheit.

Die Gefahr bei *The Secret* besteht darin: Wenn wir beim Versuch, Lebenserfahrungen zu vermeiden, die in unseren Augen schwierig und negativ sind, alles Menschenmögliche tun, dann werden wir uns tendenziell dumm und dämlich wünschen, ohne die wahren Absichten unserer Seele zu erkennen. Wir werten dann auch jene Prozesse, die wir in diesem Leben wollen und erfahren müssen, als »Fehlschläge«.

Natürlich ist es wichtig, sich das Gesetz der Anziehung zunutze zu machen – solange dir klar ist, dass es sich mit deinem Karma verträgt. Die Ziele müssen erreichbar sein, und der Weg dorthin kann durchaus lang und steinig sein. Zu wünschen und sich Ziele zu setzen, ist völlig in Ordnung, solange wir das Hier und Jetzt im Blick behalten, immer wieder staunend um uns blicken, dabei erkennen, wo wir sind, und uns über jede Herausforderung freuen, die sich auf unserem Lebensweg findet.

***

Ich hatte Roxane gebeten, zu Désirée zu gehen und sich beraten zu lassen. Es folgt Roxannes Kurzbericht über diese Beratung.

Roxanes Bericht

Das *kursiv* Gesetzte stammt von Roxane. Sie sagt zu Désirées Äußerungen: *»Ich erkenne alles an, außer dem, was sie über diese Kinder sagt, und natürlich Sachen aus meinem früheren Leben.«*

Die Geschichte

Désirée sah ein Bild von mir in einem früheren Leben. Damals, es war um 1600, war ich Wissenschaftler, zu dessen Lebzeiten ein ziemlicher Kampf tobte, ein innerlicher Kampf sich widersprechender Glaubenssätze. In der damaligen Zeit häufte ich eine Menge Wissen an und lag im Streit mit den etablierten Kräften, die davon nichts wissen wollten. Das Ergebnis war, dass mich die Gemeinschaft verdammte. Man bestrafte mich, obwohl ich recht hatte. Damals verlor ich den Glauben an die Menschheit, und durch diese traumatischen Erlebnisse büßte ich meine Fähigkeit ein, mich an andere Menschen zu binden.

Heutiges Leben

Die Aufgabe in meinem jetzigen Leben besteht darin, Heilung von diesen traumatischen Erfahrungen zu finden, die sich in meine Seele eingegraben haben.

Heute leben wir in einer Zeit freier Meinungsäußerung und wissenschaftlicher Durchbrüche. Roy Martina ist ein Rebell, der keine Angst vor dem Establishment hat. Er ist einer jener medizinischen Wissenschaftler, die daran arbeiten, alte Muster über den Haufen zu werfen. Das erzeugt eine Menge Widerstand und ist gewissermaßen eine Wiederholung dessen, was du selbst durchlebt hast. Du bist eine ähnliche Art von Rebellin. Du bringt dein ganzes Wissen aus früheren Leben mit. Außerdem bringst du die Angst mit, dafür verurteilt zu werden, ebenso wie die Angst vor menschlichen Bindungen, denn du hast gelernt, dass man niemandem trauen kann. Du erwartest in diesem Leben Kampf. Du bist ständig auf Kritik, Widerstand und entsprechende Bemerkungen vorbereitet. Nun ist es schwer, den Kontakt mit Menschen dabei wirklich zu genießen; du bist ständig in Hab-Acht-Stellung und erlebst ein abgrundtiefes Gefühl der Einsamkeit. Du hast dich vollkommen abgeschottet. Du hast eine Barriere errichtet. Du fühlst dich verantwortlich für das, was du aussendest, für das, was du bist, und für das, was du in der Gesellschaft machst. Auch für die Menschheit und für Katastrophen fühlst du dich verantwortlich – trägst du doch das ganze Leid der Welt auf deinen Schultern –, und du hast das Gefühl, daran etwas ändern zu müssen. Du willst die Welt verbessern. Die Welt ist nicht so, wie du sie haben willst, und du glaubst, dass sie so viel schöner sein kann.

- Eine wichtige Aufgabe für dich in diesem Leben besteht darin, auf eine angenehme Weise Kontakt mit anderen herzustellen, ohne Mauern um dich herum zu errichten.
- Eine weitere Aufgabe ist es, dass du lernst, zufrieden zu sein und aufzuhören, hinter dem Regenbogen herzujagen.
- Lerne den Planeten und alles, was auf ihm lebt, zu lieben, vor allem die Menschen.
- Dir machen gedankliche Nomaden zu schaffen: sich auf alles einen Reim machen zu wollen, alles zu unternehmen, alles zu verstehen, alles sein zu wollen.
- Lerne, ruhig mit anderen zu kommunizieren. Deine Sicht von ihnen ist oft kleinkariert: für dich sind sie »kleine Leute«, »typisch Mittelschicht« etc.
- Kommunikation ist für dich sehr wichtig, und zwar mündlich und schriftlich. Du musst sorgfältig und sehr präzise schreiben und kommunizieren lernen.

- Der Kampf, den du heute auf dem Planeten erlebst, spielt sich hauptsächlich in deinen Gedanken und Worten, beim Herstellen von Kontakt und beim Tun ab.
- Du brauchst im Grunde niemanden, aber du sehnst dich nach jemandem. Wenn dieser jemand dann eintrifft, willst du deine Freiheit und dich nicht binden. Du hoffst auf einen Ritter in glänzender Rüstung, der dich mit sich auf sein Schloss nimmt, aber dann machst du dich auf halbem Weg aus dem Staub. Die Botschaft lautet hier: Finde deinen inneren Partner.
- Eine andere Aufgabe für dich besteht im Selbstausdruck: Wage es, überall du selbst zu sein.
- Du hast das Gefühl, missverstanden oder nicht gehört zu werden.
- Es wird Kinder geben, die dich brauchen.
- Dein größtes Karma liegt in deiner Beziehung zu anderen.
- Du hast einen starken Freiheitsdrang.
- In der Pubertät hast du dich mit dem Verhalten deiner Mutter nicht mehr abgefunden und rebelliert, und das führte zu vielen Konflikten. Du hast Geborgenheit und dich wertschätzende Wärme sehr vermisst. Es ist in Ordnung, ihr zu verzeihen.
- Dein Einsamkeitsgefühl ist groß, auch weil du anders bist als der Rest.

In den letzten paar Monaten ist eine wahre Transformation in Gang gekommen. Du entwickelst immer mehr Sicherheit im Hinblick auf dich selbst, und das strahlst du auch aus. Du schließt deinen Frieden damit, wie dein Leben verlaufen ist, und siehst, was es bewirken sollte. Du bist dank dieser neuen Identität jetzt wirklich dabei, dein Leben aufzuarbeiten. Du dachtest, du hättest das bereits hinter dir, aber das kannst du erst wirklich als die, die du jetzt bist. Du wirst dich mit einer Art Funktionär in Sachen Seele namens Roy Martina auf Schatzsuche begeben. Zusammen mit ihm wirst du dich in den dunklen Keller begeben, um dir anzusehen, was passiert ist, und dort Großreinemachen veranstalten. Den Keller aufzumachen, wird für dich eine harte Zeit sein, aber die besten Schüler bekommen eben die schwierigsten Lektionen. Dieser Prozess wird drei Jahre in Anspruch nehmen.

Roxane war mit diesem Bericht ganz zufrieden.

***

Was *The Secret* angeht, will ich erwähnen, dass Seelenerinnerungen (Unerledigtes aus früheren Leben) einen starken Einfluss auf unser Leben haben können: Es ist wichtig, dass Leiden oder Schwierigkeiten eine *Phase* in Ihrem Leben sind, die Ihnen die Gelegenheit bieten, eine Menge Unerledigtes auszuräumen. Wenn Sie sich Ihren Lektionen widmen und sich weiter auf das konzentrieren, was Sie wollen, wird diese Phase vorbeigehen, und dann wird es immer leichter, das anzuziehen, wonach es Sie wirklich verlangt. Wir sind nicht hier, um zu leiden; wir sind hier, um uns in wirkliche Kraft zu transformieren, und das ist reine Magie. Frühere Leben zu kennen oder an sie zu glauben, ist vollkommen irrelevant. Das Leben ist so angelegt, dass man mit dem umgehen muss, was sich gerade präsentiert – ganz gleich, was auch immer man glauben mag.

Epilog: Vollständiges Eintauchen

Wenn Sie bis zu dieser Stelle gelesen haben, sind Sie großartig; Sie sind wirklich zielstrebig. Mein Rat an Sie lässt sich kurz und bündig zusammenfassen: »Vollständiges Eintauchen«.
Wer eine neue Sprache lernen will, kann das am leichtesten, indem er bei einer Gastfamilie in dem betreffenden Land wohnt, bei einer Familie, in der man nur diese Sprache spricht. Und wenn er außerdem dort auch noch Unterricht nimmt, wird er nach einem Monat definitiv in der Lage sein, diese Sprache zu sprechen. Das Gleiche gilt für *The Secret:* Sie müssen es anstreben, vollständig einzutauchen und wirklich danach zu leben. Beginnen Sie, indem Sie das Arbeitsbuch *The Secret: Missing Links* von meiner Website herunterladen, ebenso weitere Tools, die Ihnen eine Hilfe sein werden. Sofern Sie noch nicht regelmäßig die CD *The Missing Link* hören, empfehle ich Ihnen dringend, möglichst bald damit anzufangen, damit Sie Ihr Unterbewusstsein darin trainieren können, sich mit Ihrem Bewusstsein in Einklang zu bringen und von daher keine widersprüchlichen Botschaften mehr in den Kosmos zu entsenden.

- Schreiben Sie die Affirmationen (vor allem aus dem Kapitel »Missing Link 3«) auf Ihre Karteikarten. Sprechen Sie sie mindestens zweimal am Tag laut vor sich hin, während Sie die *Secret*-Technik praktizieren: Zeigen Sie mit Ihrem rechten Zeigefinger auf Ihr Herz, legen Sie Ihre linke Hand auf Ihre Stirn und atmen Sie tief. Lesen Sie dieses Buch noch mindestens sieben Mal und machen Sie sich Notizen.

- Führen Sie in der Zwischenzeit ein *Secret*-Tagebuch, in dem Sie sich aufschreiben, wofür Sie dankbar sind und was Sie wertschätzen.
- Halten Sie Ihre Morgen- und Abendfragen auf Ihrem Nachttisch bereit und lesen Sie sie täglich.
- Nehmen Sie bewusst Ihre positive geistige Nahrung wahr und arbeiten Sie daran, sämtliche Prozesse in Ihrer Vergangenheit in positive Erfahrungen umzuwandeln.
- Lassen Sie sich nicht von Ihren Emotionen an der Nase herumführen. Machen Sie sich mehr als je zuvor klar: *Wer* Sie auf Ihrem Weg zum Ziel werden, ist viel wichtiger als das Ziel selbst. Sie können Ihren Weg mühelos und mit Spaß gestalten, und Sie können sich immer vor Augen führen, womit Sie alles gesegnet sind.

Dann sind Sie wirklich voll eingetaucht und werden sofort erleben, dass alles einfacher wird.

Ich selbst kann gar nicht mehr anders, als *The Secret* anzuwenden. Vor zwei Jahren wusste ich, dass der Zeitpunkt gekommen war, einen weiteren Geschäftspartner in mein Leben zu ziehen. Also sagte ich zu José, die schon damals meine Geschäftspartnerin war: »Es wird Zeit, noch jemanden mit an Bord zu nehmen. Ich will jemanden, der nicht darauf angewiesen ist, Geld zu verdienen, sondern auf der Suche nach etwas ist, was er gerne

macht, weil er es nicht mag, nichts zu tun. Außerdem braucht er viel Erfahrung im Coachen und im Führen einer rasant wachsenden Firma. Es muss Spaß machen, mit ihm zusammenzuarbeiten, und er muss gut darin sein, Geld zu manifestieren.«
Es dauerte gerade sechs Wochen, bis wir Joop in einem Workshop kennenlernten. Vom Profil her passte er exakt. Ich hatte José schon gesagt, dass es innerhalb von zwei Monaten passieren würde. Wir drei sind ein Superteam. Das ist die Art von Vertrauen, die Sie haben müssen: Sie müssen darauf vorbereitet sein und wissen, dass »es« schon da ist.
The Secret zu leben, ist eine Frage des Engagements. Als Hilfe für Sie habe ich einen Vertrag aufgesetzt, den Sie nur noch unterschreiben müssen. Sie können ihn von meiner Website herunterladen. Dieser Vertrag wurde nicht von einem Anwalt aufgesetzt, sondern von mir. Lesen Sie ihn sich regelmäßig durch, damit Sie einen Anreiz haben, weiter an Ihrer harmonischen Übereinstimmung mit den Gesetzen der Anziehung zu arbeiten.
Voll einzutauchen bedeutet auch, dass Sie sämtliche Informationen lesen, die über *The Secret* verfügbar sind, und sich damit vertraut machen. Besuchen Sie einen Workshop, einen Vortrag oder Ähnliches.
Ich weiß, dass unsere Wege sich früher oder später kreuzen werden; so will es das Gesetz der Anziehung.

Passen Sie gut auf sich auf – und bis bald!
Roy Martina

Weitere Informationen

Roy Martina Experience – Der Weg zu Ihrer inneren Kraft
Roy Martina Experience ist die Firma, die in jeder Hinsicht für meine Interessen tätig wird. Ich habe die richtigen Menschen angezogen, für die es eine Herzensangelegenheit ist, sie zu führen: Joop und José. Zusammen haben wir ein Team zu uns dirigiert, das mit hundertprozentigem Einsatz bei der Sache ist, vollkommen an das glaubt, wofür ich stehe, und das mir hilft, meine Träume wahr zu machen.
Wir glauben, dass bloße Wissensvermittlung nicht ausreicht und dass Erfahrung in Kombination mit Übung zu einer wirksamen Verhaltensänderung führt. Von daher der Name der Firma: Roy Martina Experience. Ich habe ein traumhaftes Team aus hoch motivierten »Stars«, die alles ihnen Mögliche tun, um alle in ihrem Wachstumsprozess zu unterstützen. Wir haben einige Artikel, die wir kostenlos zugänglich machen: Bücher, Downloads etc. Außerdem gibt es natürliche Heilmittel, CDs, Internet-Workshops, Trainings, Vorträge und eine Menge Coachs, die Sie individuell unterstützen können. Alles, was wir tun, ist, meine Mission auszuführen: Wir möchten alle unterstützen, die ihre Lebensqualität verbessern und mehr aus ihrem Leben machen wollen. Wir haben eine ganze Palette an Tools, die Menschen bei ihrem Prozess fördern können.
Unser Motto heißt: »Be the Best You Can Be.« (Sei der Beste, der du sein kannst.)

Die folgende Übung der 4 Kreise wird auf der Website www.thesecret4free noch näher erklärt:

Übung: Die 4 Kreise

Um Erfolg zu manifestieren habe ich eine Übung modifiziert, die ich selbst gelernt habe, und sie »Die 4 Kreise« genannt.
Die Übung mit den 4 Kreisen geht ganz einfach: Sie führen ein Tagebuch, das Ihre Vision sowie einen kompletten Entwurf für Ihr Leben enthält. Es gibt dabei 12 Kategorien:

- 3 Kategorien für Vitalität und Gesundheit
- 3 Kategorien für Fülle
- 3 Kategorien für Liebe
- 3 Kategorien für den Geist

Der Mensch will im Grunde nur vier Dinge im Leben: Gesundheit, Wohlstand, bedingungsloses Glück (mental) und Liebe.
Es gibt verschiedene Aspekte von Gesundheit, Wohlstand, Spiritualität und Liebe. In vielen Systemen ist vom Gesetz der Anziehung die Rede, und es gibt viele Wege, über die Sie Zugang zu jeweils einem Teil des Puzzles erhalten. Das System der »4 Kreise« gibt Ihnen alles, was Sie brauchen, um einen Anfang damit zu machen, das Meisterstück Ihres einzigartigen Lebens zu konzipieren, zu erschaffen und zu manifestieren. Alles, was Sie auch nur im Entferntesten haben wollen mögen, ist in diesen 12 Kategorien anzutreffen. Sie erhalten so ein vollständiges System, mit dem Sie Ihr Leben gestalten können, und nichts ist dabei ausgeschlossen.
Ich rate Ihnen, sich auf die Website www.thesecret4free.de

zu begeben, wenn Sie noch tiefer in diese Materie eintauchen möchten.

Wer ist Roy Martina?

Roy Martina ist ein ganzheitlich orientierter Mediziner, Autor, Forscher, Entwickler und Trainer – ein leidenschaftlicher Mensch mit einer inspirierenden Mission. Seine Mission ist gleichzeitig seine Leidenschaft: Trainings in Präventionsmaßnahmen gegen den Alterungsprozess und gegen Krebs; Heilung für Kranke; praktischer Rat und Unterstützung, wie wir das ganze Leben lang vital und gesund bleiben.

Roy Martina kam 1953 auf der niederländischen Antillen-Insel Curaçao auf die Welt und musste mit Lernschwierigkeiten und Asthma umgehen lernen. Von klein auf wusste er, dass er Arzt werden wollte – was ihn dazu motivierte, durchzuhalten und kreative Ideen zu entwickeln. Wegen seiner Lernschwierigkeiten nahm er alles, was er lernen musste, mit einem Kassettenrekorder auf. Nachts legte er sich mit Kopfhörern schlafen und hörte sich die Aufzeichnungen an. Auf diese Weise entdeckte er für sich das »Lernen im Schlaf« und wurde irgendwann der Beste an seiner Schule. Seine Entschlossenheit und sein Durchhaltevermögen brachten ihn an die Universität: 1977 schloss er an der Universität von Groningen (Niederlande) sein Studium ab. Sein großer Traum war es, Chirurg zu werden, doch ein schwerer Autounfall und eine Nahtoderfahrung im Alter von 22 Jahren stellten sich diesem Traum in den Weg. Also beschloss Roy Martina, Allgemeinmediziner zu werden. In seiner Praxis musste er bald feststellen, dass die Schulmedizin keine angemessenen Antworten auf chronische Krankheitsbilder und deren

Prävention bot. Da Physiotherapie ihm selbst nicht half, seinen Zustand nach einem Schleudertrauma zu verbessern, suchte er einen Akupunkteur auf. Nicht genug damit, dass er nach nur drei Behandlungen geheilt war – gleichzeitig hatte er nun einen neuen Weg entdeckt, wie es für ihn weitergehen konnte.

Er war immens fasziniert von der Frage, warum einige Menschen krank werden und andere nicht – was ihn dazu brachte, weiterlernen zu wollen. Auf seiner Suche nach der besten Möglichkeit, Menschen zu heilen, erlernte er verschiedene Ansätze wie Akupunktur, Homöopathie, Ernährungstherapie, orthomolekulare Medizin, manuelle Therapie, Krebstherapie nach Moerman, Arbeit mit Blütenessenzen, Phytotherapie, Lasertherapie und Reiki.

Immer auf der Suche nach neuen Ansätzen und Erkenntnissen, befasst sich Roy Martina ständig mit medizinischer Forschung und hat mehrere wissenschaftliche Studien veröffentlicht, zum Beispiel die erste wissenschaftliche Doppelblindstudie, welche die Wirksamkeit von Homöopathie beweisen konnte.

Bislang hat er in seinem Labor mehr als 1000 natürliche Heilmittel und -therapien entwickelt, die seit vielen Jahren von Ärzten und Therapeuten aus aller Welt angewandt werden. Sie werden auch zu den besten Präparaten aus dem Bereich Komplexhomöopathie gezählt. In den Niederlanden sind diese »Royal Remedies« (siehe Website) nun erhältlich.

Mehr als 25 Jahre Erfahrung, Studien und Forschungsarbeit in Medizin brachten Roy Martina schließlich zu der Erkenntnis, dass die wahre Heilung der Menschheit nur dann stattfindet, wenn der einzelne Mensch begreift, dass er für sein eigenes Wohlergehen verantwortlich ist. Roys Studien haben ergeben,

dass Menschen aufgrund ungelöster Konflikte, emotionaler Blockaden und unbewusster Eigensabotage krank werden.
Seine Mission besteht darin, möglichst vielen Menschen in aller Welt zu vermitteln, wie sie nicht mehr krank werden, sondern ihre eigene Vitalität in die Hand nehmen. Basierend auf dem Prinzip, dass »Kranksein nicht normal« ist, wird Menschen klargemacht, dass sie mithilfe der von Roy entwickelten Techniken vorbeugende Maßnahmen ergreifen können. Auf diese Weise vermindert sich die Anfälligkeit für Krankheiten, Stress und alle Arten von chronischen Störungen.
Roys Mission führt ihn in alle Welt. Jedes Jahr veranstaltet er Vorträge, Seminare, Workshops und Trainings in mehr als 14 Ländern und trägt seine Botschaft an Menschen heran, die vorbeugend etwas für ihre geistige und körperliche Gesundheit tun und sich für Weiterentwicklung und Wachstum auf der persönlichen Ebene interessieren.

Bücher

Roy hat mehr als 60 Bücher zu Vitalität und Wohlfühlen verfasst. Tatsache ist, dass jedes Buch ein Workshop für sich ist, der sich überall nachvollziehen lässt, ohne dass man dazu von seinem bequemen Stuhl aufstehen muss. Die Bücher sind leicht verständlich geschrieben und bieten Lesern die Möglichkeit, sich selbst mit anderen Augen zu betrachten und an sich zu arbeiten. Einige Bücher sind in mehr als acht Sprachen übersetzt und veröffentlicht worden. Zu seinen Bestsellern gehören: *Emotionale Balance, Tiefseelentauchen, Von Engeln umgeben, Chakren im Wassermannzeitalter, www.god.com.*

CDs

Roy hat eine ganze Serie von Meditations-CDs entwickelt und kreiert. Sie unterstützen die Zuhörer auf einfache und leicht zugängliche Weise bei der Verbesserung ihrer Lebensqualität. Die CDs eignen sich sehr gut für ein »passives« Hören, da das Unterbewusstsein nie schläft. Durch aufgezeichnete Botschaften kommuniziert Roy direkt mit dem Unterbewusstsein des Zuhörers. Schließlich wird das Verhalten dadurch bestimmt, ob das Unterbewusstsein eine sogenannte »Ladung« an eine gemachte Erfahrung koppelt. Deshalb ist es zwingend notwendig, das Unterbewusstsein zu trainieren, und das kann durch passives Hören erfolgen. Die Botschaft kommt an – egal ob der Zuhörer schläft, am Steuer seines Autos sitzt, liest, joggt oder trainiert. An CDs ist unter anderem erhältlich: *Freiheit – Sorgen, Traurigkeit, Stress und Spannungen loslassen*; *Gute Nacht – Schlafend gesund werden*; *Mühelos schlank – Mit Leichtigkeit das natürliche Gewicht erreichen; Tiefenentspannung – Vollkommene Entspannung für Körper und Geist; Kidz – Erhalte magische Kräfte auf einer magischen Reise* (Selbstwertgefühl für Kinder); *Lebe das Geheimnis – Träume, Ziele und Wünsche mühelos manifestieren* und *Heilung – In Verbindung mit der Selbstheilungskraft des Körpers.*

Die CDs sind auf der www.roymartina.de Website erhältlich.

Trainings

Omega Healing
2003 entwickelte Dr. Roy Martina ein neues Training für deutsche Therapeuten und Ärzte: *Omega Healing* – eine hochwirksame Methode, um Menschen zu coachen, wie sie ihre Gesundheit und Vitalität optimieren und ein glückliches Leben führen können. Effektive und effiziente Techniken, die er im Rahmen seiner 25-jährigen Beschäftigung mit schulmedizinischen und alternativen Heilverfahren, Spiritualität und Coaching entdeckte, wurden in Omega Healing integriert. Omega Healing steht mittlerweile auch anderen Berufsgruppen offen. Die Methode folgt einem Konzept, das sich ständig weiterentwickelt, da hier die neuesten medizinischen und wissenschaftlichen Erkenntnisse – zum Beispiel aus der Quantenphysik – berücksichtigt werden.

Nie wieder rauchen
Ebenfalls von Roy Martina stammt ein Nichtraucherprogramm, das weltweit zu den besten zählt. Es weist eine Erfolgsrate von etwa 80 Prozent nach nur einer oder zwei Sitzungen auf. Weitere Informationen unter www.nie-wieder-rauchen.com.

Internet-Workshops
Roy Martina und sein Team entwickeln derzeit zahlreiche Internet-Workshops. Diese werden in Kürze zur Verfügung stehen, sodass Roy Martinas Mission äußerst kostengünstig eine große Zahl von Menschen erreichen kann.

Firmenschulungen (auch vor Ort)
Es können Schulungen, Referate, Vorträge und Gruppenangebote für Manager etc. gebucht werden. Roy Martina ist in der Lage, speziell auf den Einzelfall zugeschnittene Trainings zu entwickeln und zu halten und hat bislang mit 500 führenden Unternehmen in den Niederlanden und andernorts zusammengearbeitet. Er wird oft eingeladen, um über Teamaufbau zu sprechen, Manager zu coachen, die an Burn-out-Syndrom leiden, Vorträge zu halten und maßgeschneiderte unternehmensinterne Integrationskurse zu konzipieren.

Medien
Roy Martina kommt regelmäßig in Zeitschriftenartikeln, im Radio und Fernsehen zu Wort. Für mehrere Zeitschriften schreibt er Kolumnen zu mentalen Problemen, spirituellem Wachstum und emotionaler Fitness. Seiner Überzeugung nach dient die Medienarbeit hauptsächlich dazu, seine Techniken und Verfahren einem breiteren Publikum zugänglich zu machen.

Mitgliedschaft in der Roy Martina Community
Nähere Infos zu Roy Martinas Büchern, CDs, Royal Remedies, Workshops und Trainings sowie Gratis-Newsletter zum Thema Vitalität und Downloads von kostenlosen E-Books siehe www-roymartina.com bzw. www.roymartina.de.
Auf dieser Website finden Sie zudem kostenlose Downloads mit Informationen, wie Sie sich das Leben erschaffen, das Sie haben möchten. Es wird Ihnen erlauben, schneller Erfolge zu erzielen, Ihr Unterbewusstsein darin zu schulen, sich in Einklang mit Ih-

ren Wünschen zu bringen, und die entsprechenden Glaubenssätze zu erzeugen, die ein Magnet für Fülle, Erfolg, Gesundheit und Glück in Ihrem Leben sein werden.

Danksagung

Es ist mir eine Ehre, dass ich dafür ausgewählt wurde, dieses Buch zu schreiben.

Mein Dank richtet sich an das Universum, gilt aber auch allen, die mir nahe sind: meinen Eltern, Sjon Jan und Estanita, die immer hinter mir stehen; meinem Roy Martina Experience Team: Joop, José, Joke, Patricia, Jenny, Robin, Sandra, Else, Christian and Sylvie; ebenso dem A-Team, das uns unterstützt: Jeroen, Fons, Jaap, Robert und Rob. Ich danke meiner Partnerin Mayana, die mich so annimmt, wie ich bin; meinen Kindern Sunray und Joey, die mich bedingungslos lieben; meinen Geschwistern Johan, Arnold, Andy, Maritza, René, Annelies und Patricia sowie meiner Cousine und Seelengefährtin Arlette.

Ich danke allen, die ich für einen längeren oder kürzeren Zeitraum in mein Leben gezogen habe, und auch Freunden wie Robby, Roberto, Roberta, Elise, Simone, Marjan, Richard, Kyra, Rick, Greet, Kristel, Michael, Elfried, Iwan, Eddie, Ellen, Laura, Rosita und vielen anderen, die mich unterstützen und mir hilfreich zur Seite stehen. Ein besonderer Dank geht an Roxane Young, die gerade dabei ist, sich zu einem superguten Coach zu entwickeln und bereit war, sich sehr verletzlich und offen zu zeigen im Hinblick auf sich selbst; sie ist jetzt wirklich auf dem Weg, ihr Leben zu verändern. Und danke natürlich an Désirée te Nuijl.

Last but not least danke ich Antoine und Patty Endtz, die uns in jeder Hinsicht mit Rat und Tat unterstützen. Wahre Freunde sind unbezahlbar!

Roy Martina

Bruce H. Lipton
Wie wir werden, was wir sind
Eltern sind wichtiger als Gene – wie unser Bewusstsein das Wesen unserer Kinder bestimmt

DVD € 19,95
ISBN 978-3-86728-104-1

Die „Programmierungen" durch unsere Eltern haben fundamentale Bedeutung für unsere Gesundheit, unser Verhalten, unsere Einstellungen und unsere Beziehungen! In einem bildreichen, leicht verständlichen Vortrag erläutert der Zellbiologe und Pionier der prä- und perinatalen Entwicklung Dr. Bruce Lipton aus Sicht der neuen Wissenschaft den Mechanismus, durch den sich die Überzeugungen und Emotionen der Eltern auf die Entwicklung des genetischen Codes der Kinder auswirken.
Das Wissen um die Mechanismen kann uns davor bewahren, weiteren Schaden anzurichten; es hilft uns, jene Bereiche unseres Denkens und unseres Fühlens zu heilen, in denen wir selbst durch unsere Programmierungen eingeschränkt sind.

Bruce H. Lipton, Steve Bhaerman
Spontane Evolution
Wege zum neuen Menschen

gebunden, € 21,95
ISBN 978-3-86728-103-4

Von Menschen, die auf wundersame Weise von einer Krankheit genesen sind, haben wir alle schon gehört. Aber ist diese Heilung auch für die ganze Welt denkbar? Nach Erkenntnissen des international bekannten Zellbiologen Dr. Bruce H. Lipton ist sie nicht nur möglich – sie geschieht bereits. Gemeinsam mit dem politischen Philosophen Steve Bhaerman präsentiert er eine erstaunliche, neue Sicht auf die Evolution, die Rolle der DNA, die Beziehung zwischen Geist und Materie und die Wirkungskraft unserer Überzeugungen. Dabei wird zweifelsfrei deutlich, wie wir durch eine Veränderung unserer Überzeugungen die spontane Evolution unserer Art beeinflussen und damit eine erfreulichere Zukunft gestalten können.